ESPERANDO A LOLÓ

Otras obras de la autora:

Vírgenes y mártires (con Carmen Lugo Filippi)
Encancaranublado y otros cuentos de naufragio
El tramo ancla
Pasión de historia y otras historias de pasión
Falsas crónicas del sur

ana lydia VEGA

Esperando a Loló

Y OTROS DELIRIOS GENERACIONALES

EDITORIAL DE LA
UNIVERSIDAD DE
PUERTO RICO

Primera edición, 1994
Segunda edición, 1996

© 1994, Universidad de Puerto Rico
© Ana Lydia Vega

Catalogación de la Biblioteca del Congreso
Library of Congress Cataloging-in-Publication Data

Vega, Ana Lydia, 1946-
Esperando a Loló y otros delirios generacionales. — 1. ed.
    p.   cm.
ISBN 0-8477-0237-5
1. Puerto Rico—Fiction. 2. Puerto Rico—Social life and customs.
I. Title.
PQ7440.V37E8   1994
863-dc20
                                                        94-31349
                                                            CIP

Diseño e ilustración portada, ilustración páginas interiores
Walter Torres

Tipografía
HRP Studio

Fotografía de la autora
Robert Villanua

Impreso en los Estados Unidos de América
Printed in the United States of America

Editorial de la Universidad de Puerto Rico
PO Box 23322
San Juan, Puerto Rico 00931-3322

Administración: Tel. (809) 250-0550   Fax (809) 753-9116
Depto. de Ventas: Tel. (809) 758-8345   Fax (809) 751-8785

A Lolita, naturalmente.

ÍNDICE

NOSTALGIA PARA LLEVAR

Esperando a Loló:
Lloriqueo ambivalente para padres cuarentones 3

Pulseando con el difícil 11

Encuentros con el Hombre Lobo 21

Saludo a los niuyorricans 29

La felicidad (ja ja ja ja) y la Universidad 37

ACÁ EN LA LOSA

Placeres urbanos 49

Ojo al vivo 57

Un deseo llamado tranvía 61

¿Dónde rayos queda el Golfo Pérsico?
(Noticias de la Guerra Chica) 65

Ciudadano dios 71

Saludos saludos, vengo a jorobar 75

GAJES DEL OFICIO

Sálvese quien pueda: la censura tiene auto 83

De bípeda desplumada a Escritora Puertorriqueña 91

Nosotros los historicidas 101

Esperando a Loló

Lloriqueo ambivalente
para padres cuarentones

I Tejemeneje preliminar

Es viernes. Son las diez de la noche. Acariciábamos la esperanza de que el cansancio de la semana, el examen de Ciencias Físicas del lunes próximo y ese programa de televisión que a veces la hipnotiza se hubieran confabulado para quitarle las ganas de salir. Imposible invocar el pretexto del mal tiempo. Los dioses nos han abandonado: no hay una nube en el cielo, hace una noche bellísima, con luna llena y todo. Si no fuera por la monga que se me pasea entre la nariz y el pecho, yo también tendría deseos de alzar el vuelo, lejos del calor de este micro-ondas de cemento armado.

El anuncio fatídico no se hace esperar, ese triunfal "Voy pa San Juan", síntesis inconsciente de dos décadas de luchas juveniles, y el simbólico "¿okei?" que lo acompaña, pequeña concesión para mantener viva la ilusión de un permiso innecesario. Esos policías retirados que ahora son los padres intercambian muecas resignadas. Pues sí, qué se va a hacer, "okei"... Total, qué más da, otra arruga en el acordeón del ceño, otro pliegue en la inexorable red de amanecidas que embolsa nuestra mirada, otra cana como yerba mala traicionera para arrancar de cuajo por la mañana en nuestro cara a cara masoquista con el espejo.

Claro, que esta resignación ejemplar sólo se alcanza con la práctica. En el principio, damas y caballeros, era la histeria: ¿CÓMO? ¿A las DIEZ de la noche? ¡Esas son horas de estar LLEGANDO! ¡Y para San Juan, Dios mío, con lo caliente que

3

está ESO allí de noche! El diluvio de peromamis y peropapis restituye entonces la sensatez del debate. La hora de salida, por supuesto, no es negociable. ¡Antes de las diez no está pasando NADA en el mundo! Es más, a esa hora todavía anda la gente bañándose y planificando el atuendo —ni demasiado tráfala ni demasiado cachendoso, el *look* eclécticamente posmoderno— que van a tirarse encima para poder botarse en la esquina de Cristo y San Sebastián. Con la destinación tampoco se puede transar. Años ha que le echaron flit a La Marginal. Por Río Piedras no hay quien transite de noche sin guardaespaldas y seguro de vida. A Plaza Las Américas no van más que los NENES de la intermedia. Así es que, no se esmanden que no hay cráneo: ¡es San Juan o San Juan!

La nostalgia de las fiestecitas en la cancha de la escuela (con los padres cabeceando de sueño en los carros) comienza a aguarnos los ojos. Y pensar que, en aquellos benditos tiempos de patria potestad sin disidencia, las doce de la noche como hora de llegada nos parecía el *non plus ultra* del liberalismo post-sesentista...

Las negociaciones se trancan de mala manera en cuanto se toca ese último asunto. Para los que ponen proa hacia San Juan a las diez y media, la medianoche marca apenas el principio de la acción. En lo que uno llega, se parquea y camina hasta el punto, se va fácil hora y media. Entonces hay que darse su vueltón por los alrededores para chequear el ambiente, no sea que en el despiste vaya uno a perderse lo mejor. Y con tanto pana fuerte que uno se encuentra por ahí, imagínense... Mientras uno escoge el sitio y hace la fila para comprar la cerveza o el *cooler*... ¡olvídense!, la UNA de la mañana. Y si por lo menos uno tuviera carro o motocicleta para no depender del dichoso pon. Porque nadie, ¿me oyen?, absolutamente NADIE va a querer irse de allí a las dos. ¡Si a esa hora es que empieza la cosa a ponerse buena! Y no subestimen, por favor, el tapón. ¿Ustedes saben la cantidad de carros que se junta en esa placita San José por la madrugada?

—Las dos y media —sentenciamos nosotros en un postrer intento por rellenarnos las ojeras con media hora más de sueño. La portavoz del HUU (Hijos Únicos Unidos) no da ni un paso atrás:

—Las tres.

—Menos cuarto.

—(Suspiro)

Y el convenio colectivo sella el compromiso final, el cuarto de hora extra que, evitando el piquete, salva el honor paterno. Abajo, la bocina secuestradora de hijas quiebra la paz nocturna de una Santa Rita temporeramente sin pupilos.

—Hasta ahorita. Breguen con el estrés que eso da cáncer...

Tratamos de no hacer pucheros. Las patas de gallina nos lo agradecerán.

II   Mea culpa: el sufrimiento como diurético

Pero, ¿qué es esto?, ¿cómo es posible?,¿por qué oscuros caminos hemos llegado hasta aquí? Nosotros, los que renegábamos del matrimonio, los que clamábamos con André Gide: "¡Familias, os detesto!", los que soñábamos con guarderías para la creación del Hombre y la Mujer Nuevos, reducidos a esta plasticina emocional por las tiernas criaturitas que un día aprovecharon nuestra alegre inconsciencia para nacer. Nosotros, los ex-bebés Carnation de los años cincuenta, los hijos primogénitos del ELA, vacunados contra el polio y la viruela, amamantados con suero de Coca Cola, tutoreados por el Payaso Pinito, arrullados por Elvis Presley, entrenados en el *twist* y el *mashed-potatoes* por Alfred D. Herger, criados y mimados desde la cuna por el célebre Doctor Spock. Nosotros, jipiolos y jipiolas de los setenta, los de las melenas largas y lacias, los afros parejeros y el guille unisex; los de los caracoles en el cuello, las sandalias de cuero, los mahones *bell-bottoms*, las microfaldas y los brasieres quemados. ¡Oh, artero golpe del destino! ¿Será esto lo que llaman por ahí "ponerse viejo"? ¿Estaremos pasando, fieles al *dictum* ancestral y gracias a la implacabilidad del péndulo dialéctico, por el mismo ciclo infernal de la *mid-life crisis* que padecieron nuestros padres? *Vade retro*, grita despavorido el ángel rebelde que llevamos dentro como lombriz solitaria, éstos son otros tiempos y éste, otro penar.

¡Y bien que sí!, repetimos, agarrándonos de la nostalgia, lanzándonos de pecho a la idealización, a la mitificación inevitable de épocas pretéritas. No es que todo tiempo pasado fuera necesariamente mejor pero la criminalidad no era ciertamente la octava plaga egipcia que es hoy. Bueno, sí, había sus pillos, las rejas no crecieron silvestres de un día para otro. Y no se puede negar que de vez en cuando aparecía uno que otro prófugo arquetípico como Correa Coto o La Palomilla, elevados al Hall de la Infamia por nuestro cine nacional, o algún monstrillo de embuste como el Vampiro de Moca. Se escalaban, eso sí, las casas, sobre todo cuando sus dueños andaban de excursión por la Madrastra Patria. Y muy de mil en ciento se oía hablar de algún asalto a mano armada, ocurrido sin duda a cualquier fulano o fulana de mala vida y peor suerte. Pero nada, me atrevo a apostar, que pudiera parársele al lado a la violencia tipo Charles Bronson que cunde por las calles de nuestra capital, persiguiéndonos hasta los mismísimos *family-rooms* de nuestros urbanizados *bunkers*. ¿Me engañarán estos lentes de contacto azules de los ochenta o los padres de los sesenta vivían en una envidiable salud mental, ignorantes de la morbosidad imaginativa que hoy nos impide pegar el ojo mientras nuestros hijos ensayan la *dolce vita* en los *pubs* de San Juan? ¿Temblarían nuestros progenitores como nosotros hoy ante la posibilidad muy real de ver llegar a la sangre de su sangre en camilla o, peor aún, en un ataúd después de una noche de juerga? (¿Qué noche de juerga?, dirán inclusive los escépticos que se acuerden demasiado bien del toque de queda tácito de aquellos tiempos...) ¿Cómo podrían anticipar ellos, mordiéndose como lo hacemos nosotros hasta las uñas de los pies, un mortal accidente automovilístico protagonizado por su prole cuando los jóvenes motorizados eran entonces relativamente escasos? No: perdónenme si me atrevo a sostener que sus terrores eran muy otros.

Número Uno en el *hit-parade* de las pesadillas familiares

estaba (pausa teatral para intervención del coro griego): ¡EL SEXOOOOOOOOO! Tener presente, por favor, que para aquellos años, el amor libre hacía su agosto en las comunas *hippies* y los dormitorios estudiantiles de las universidades gringas. Y, aunque acá en la isla, entre gentes civilizadas, había que conformarse con las últimas filas de los cines o las garitas del Morro en días de semana —amén de los balcones caseros en los que arriesgábamos literalmente el pellejo durante las ponchadas kilométricas de nuestros reprimidos novios— nuestros pobres padres se encomendaban (mientras presenciaban trincos un episodio más de *Peyton Place* o *Simplemente María*) a la Inmaculada Concepción para que a nosotras no nos fuera a pasar lo mismo que a Ella.

El tema de los embarazos involuntarios y su fatal epílogo para las madres solteras abandonadas eran casi un *leit–motif* en las revistas estilo *True Confessions* que leía la clase media americanizada de aquella época. Lo más catastrófico que podía pasarle a un varón, como se llama en Puerto Rico a los hijos machos, era que al "hacerle el daño" a alguna incauta hija de vecina, fecundara sin querer algún óvulo transeúnte antes de haber llevado a feliz término sus estudios universitarios. Contrariedad de la que sólo podría escapar quien tuviera la suerte de poder largarse a estudiar "fuera" o la desgracia de abordar un avión militar hacia las junglas de Vietnam. Las hembras padecían, naturalmente, el corolario, de consecuencias algo más dramáticas: O el *Women's Hospital* se ocupaba de ellas (cuando todavía no era legal pero sí posible el aborto) o las embarcaban para casa de Titi Petronila en el Bronx. Así, pues, y para evitar los susodichos sinsabores, Mami y Papi vivían pendientes de impedir el cumplimiento de las leyes de la especie mientras nosotros desarrollábamos geniales estrategias para burlar su vigilancia permanente. El resto es historia: la Gran Revolución Sexual de los sesenta, lanzada y apoyada por el feminismo, las revueltas estudiantiles y otros cataclismos políticos internacionales, se ocupó de transformar radicalmente el panorama. Hasta que apareció el SIDA. Pero eso es harina de otro costal.

7

El otro cuco de los sesenta era (Coro griego, por favor): ¡LA POLÍTICAAAA! El ingreso a la Universidad de Puerto Rico, tan deseado por padres y abuelos que veían en los estudios el pasaporte al *pursuit of happiness* consumista, era a la vez muy temido. La pérdida de la inocencia política en aquella era de salpafueras estudiantiles, brutalidad policíaca y listas de subversivos conllevaba grandes riesgos. ¡Te van a fichar!, advertían los mayores con el recuerdo de la represión muñocista contra los nacionalistas fresquecito en las neuronas. Y era absolutamente cierto que la posibilidad de ser expulsado de la Casa de Estudios benitista, la de no conseguir empleo con el gobierno o la más siniestra aún de sufrir persecuciones y atentados agenciados por la extrema derecha, pendían como espada de Damocles sobre la cabeza del estudiantado militante. Con la Revolución Cubana en todo su apogeo, la versión tropical del macartismo norteamericano se vio robustecida, para angustia de nuestros atemorizados padres. ¡Y eso que el fantasma del Cerro Maravilla todavía no había asomado su rostro macabro por la pantalla de nuestros televisores!

Para nosotros, los que coreábamos himnos de paz, amor y lucha con Roy Brown y Noel Hernández, la naturaleza misma de las relaciones padre-hijo ha sufrido una metamorfosis irreversible. A nuestros viejos, que no fueron los protagonistas del gesto colectivo de ruptura que marcó los años locos —y esto lo digo con cierta vaga envidia culpable— se les hacía mucho más fácil proferir el monosílabo liquidador de aspiraciones libertarias. Aunque —oh, ironía— nuestros abuelos los acusaran a ellos de laxismo y complacencia ante lo que ya se perfilaba como nuestra incurable pocavergüenza. ¿Cómo podían admirar tanto el progresismo gringo y a la vez resistirse tanto al cambio? ¿Y cómo podríamos nosotros negarles ahora a nuestros hijos los mismos derechos por los que tan persistentemente hemos luchado?

Cada generación tiene su *karma*. Los padres que criaron a sus hijos bajo la sombra de Vietnam, los que veían con terror llegar el primer día de clases en un recinto universitario archipolitizado, los que patrullaban patios y baños durante los bailecitos de marquesina a la caza de posibles delincuencias eróticas, sufrieron a su manera y desde su propia perspectiva histórica y social su propio y personal martirologio. Tener que enfrentarse hoy a todo lo que representa el temible San Juan *by night*, con su zafra de delitos Tipo I que hacen las delicias de los recogedores de estadísticas criminales, no fue el viacrucis que les tocó vivir.

Pásenme el *Kleenex*.

III Canción de cuna para un *happy ending*

No sé cómo, entre la *Comtrex* engañadora de catarros y el soliloquio hamletiano que acabo de tirarme, no he caído aún de nalgas en las mullidas garras de Morfeo. La película de terror que estoy siguiendo con el rabo de este irritado ojo —ya el perverso psicópata ha logrado entrar en el condominio de acceso controlado donde vive la mujer-policía que inspira sus fantasías sexuales— no logra distraerme de mi propio *thriller* mental. En el *parking* de Doña Fela, un tecato armado de una jeringuilla rebosante de sangre infectada intenta arrancarles las llaves de un Toyota gris a un grupo de muchachos y muchachas que están a punto de emprender por fin el retorno a casa. La cámara se va acercando lentamente para un inesperado *close-up* a la silueta de una chica de pelo largo cuyo rostro permanecía misericordiosamente en el misterio...

En ese mismo instante, escucho el traqueteo metálico de la llave y el candado en el portón de abajo. Interrogo al reloj que me ha hecho burla durante toda la noche. ¡LAS DOS! La incredulidad ante la grata sorpresa de un regreso prematuro no me impide pegar tremenda carrera hacia el balcón encendido. Espanto con el pensamiento al sátiro imaginario que puebla la penumbra. Mimo ya está apostado frente a la puerta: él también reconoció los ruidos familiares, los pasitos discretos en la escalera y menea, esperanzado, el rabo.

Hago un esfuerzo relámpago por arrancarme la careta de *Mater Dolorosa* para volverme a convertir en Mamá Buena-

9

gente. Y ya hace su entrada triunfal, radiante de juventud y contentura, el adorado objeto de mi preocupación. Mi hija se desborda en alegres efusiones: la retahíla de nombres, los pícaros detalles del bembé de esquina, la magia de los encuentros fortuitos... Yo la miro y la abrazo. Ajena al drama generacional que ha protagonizado en ausencia, ella sigue contando.

Mi corazón se va descongelando al sol reconstructor de su sonrisa.

En: *Diálogo*, enero de 1989.

Pulseando con el difícil

Primer *Round*

En 1952, ondeó oficialmente por primera vez en cielo boricua nuestra querida monoestrellada. Bien acompañadita, claro está, por la inevitable *Old Glory*, mejor conocida en estos lares criollos como "la pecosa". Supongo que fueron los nacionalistas los que, en justa revancha por su presencia *non grata*, le endilgaron el infamante apodo a la bandera americana.

Ese también fue el año de mi ingreso a la escuela. Como muchos matrimonios procedentes de "la isla" y agregados, con mucho esfuerzo, a la incipiente clase media urbana de Santurce, mis padres hicieron mil malabarismos económicos para mandar a sus hijas a un colegio católico de monjas americanas. No se trataba tanto de evangelizarnos en la fe del Cardenal Aponte —mi padre era masón y decididamente anticlerical— como de ponernos en el buen camino de la promoción social vía el aprendizaje religioso del inglés. Así, pues, un buen día me encontré, más pasmada que triste, sentadita en un salón de clases con mi uniforme verde trébol, mi blusita blanca y mis recién brillados zapatitos marrón.

Las monjas, que eran en su mayoría de origen irlandés, se tiraron de pecho a la ingrata tarea de convertirnos en buenos americanitos. Cada mañana cantábamos el inevitable oseicanyusí y jurábamos la famosa pecosa con todo y mano sobre el corazón. El inglés era, por supuesto, el idioma de estudios en todas las clases menos la de español. Hasta para ir al baño había que pedir permiso *in English*. Muchos fuimos los que tuvimos que mojar el pupitre por no atrevernos a formular o por pronunciar goletamente el complicado santo y seña del acceso a los meatorios. No resulta entonces sorprendente que desde los cinco añitos comenzara para nosotros, los niños mimados del ELA, una conflictiva y apasionada relación de amor-odio con el idioma que nuestro pueblo, entre temeroso y reverente, ha apellidado "el difícil".

Ya para tercer grado nos tenían entendiendo a perfección los mandatos pavlovianos de las monjas y mascando mal que bien el *basic English* necesario para sobrevivir en la jungla escolar. Los libros de texto importados y las actitudes transmitidas por las maestras-misioneras creaban en nuestras cabecitas un mundo alterno, completamente distinto del que conocíamos y vivíamos en nuestros hogares. Mientras en la calle Feria, Papá improvisaba décimas y nos prohibía llamarle "papi", relegando el cariñoso apelativo al rango de anglicismo indeseable, en la escuela era anatema, aun en pleno tranque expresivo, recurrir al español para expresar cualquier idea escurridiza. Poco a poco se iba consolidando la visión del inglés como lengua de prestigio, progreso y modernidad. En inglés era todo el vocabulario técnico, científico y literario que incorporábamos para abordar los más diversos aspectos del conocimiento. El español, con su olorcito a mueble antiguo, quedaba reducido a las esferas de lo doméstico y lo íntimo. Recuerdo que cuando llegué a la Universidad de Puerto Rico, años más tarde, tenía que precipitarme urgentemente sobre el diccionario en busca de términos matemáticos, nombres de personajes históricos o de países exóticos que no sabía decir en español.

Las lagunas léxicas, aunque incomodantes, no eran lo más grave del caso. Para eso, después de todo, estaba el *Velázquez revisado*. Lo más insidioso de todo resultaba ser la doble escala de valores que nos habían infiltrado sutilmente en el sistema circulatorio. Estábamos absolutamente convencidos de que el inglés nos daba acceso, como una vez osara decir Ismael Almodóvar, a las Grandes Conquistas del Mundo Occidental. El español, por otra parte, nos ataba irremediablemente al atraso, al subdesarrollo, a una cierta folclórica vulgaridad. Era una convicción profunda, como la de la existencia de Dios, que no se cuestionaba, que ni siquiera se ponía en palabras. El mal gusto de aquellas santas mujeres que tenían a su cargo nuestra domesticación jamás llegó tan lejos como para arrancarles el vil pronunciamiento de que el inglés era el *boarding pass* para llegar al cielo. No era necesario. Años de atenta observación e inteligente deducción nos lo habían probado.

Por lo tanto, las tarjetas de felicitación para cualquier ocasión tenían que ser en inglés. No era lo mismo enviar unos versos babosos y melodramáticos en la lengua de Felipe Rodríguez que un sucinto y discreto mensaje de sofisticados afectos en la de Perry Como. Y más todavía si la cursilería hispana de los versos era precedida por un estridente despliegue de corazones sangrantes sobre fondo de terciopelo violeta... Al lado de eso, hasta el *kitsch* americano pasaba por *savoir faire* europeo. Hallmark había establecido subrepticiamente su gentil monopolio sobre la naciente sensibilidad de la clase media colonial.

Lo mismo ocurría con nuestras preferencias cinematográficas. La charrería personificada eran aquellas películas de Chachita y Tintán que nos atragantaba inmisericordemente la televisión. Y, aunque uno lloriqueara en secreto con Pedro Infante y Dolores del Río o se tirara su buena risotada con Viruta y Capulina, ni la fuerza unida de mil jabalíes histéricos hubiera podido extirparnos tal confesión ante nuestros pares escolares. Las películas del perverso Elvis Presley, del buenazo Pat Boone y de aquel *role model* generacional de la *All-American girl* que fue Gidget eran *status symbols* de nuestro clan. Sin olvidar las series tipo *Lassie, Cisco Kid* y *I Love Lucy* que —dobladas en español— hacían las delicias de nuestros colonizaditos corazones.

Para esa época surgió un programa que sentó las bases para la futura polémica entre roqueros y cocolos: el célebre e inolvidable *Teenagers Matinée*, animado por el hoy psicólogo de nuestra menopausia, Alfred D. Herger. Con él, majamos papas bajo la rítmica consigna de Dee–Dee Sharp y remeneamos caderas, para escándalo de nuestros padres y vecinos, a los gritos roncos y los contoneos desenfrenados de Chubby Checker. Nuestra formación musical básicamente roquera nos alejó bastante del bolero, portador —para bien o para mal— de una ideología latina del amor. Mi hermana, que hizo la *high* en la Central y tuvo una infancia menos sujeta a la americanización, suspiraba por Tito Lara y cantaba boleros de Disdier mientras yo jirimiqueaba de emoción con Rick Nelson, Neil Sedaka y Paul Anka.

Lo más pintoresco de todo eran las sajonadas que salpicaban nuestra conversación diaria. No se trataba de un *Spanglish* bien mixturado o un inglés sometido a la dictadura morfológica del español sino de un súbito *code-switching* que nos hacía pasar, en una frase, del mundo cultural en el que nos movíamos al mundo transcultural de nuestra educación extranjerizante. No era tampoco exclusivamente cuestión de pura comemierdería. Recurríamos a la lengua injertada en busca de conceptos que reflejaran la realidad cambiante de nuestras costumbres, la modernidad vertiginosa de nuestras aspiraciones. Decir *date* era, por ejemplo, mucho más libre y chévere que echarse encima el yugo verbal de la palabra "novio", evocadora de chaperonas y sortijas de compromiso. Cuando había que espepitar algo medio empalagoso, medio pachoso, el inglés servía de cojín amortiguador. Se hablaba de *French-kissing* –aunque los franceses jamás hayan reclamado la autoría de tan ancestral práctica universal— para evitar la grosera referencia a un "beso de lengua". Y ¿quién no prefería que lo llamaran *square* (ahora sería *nerd*) a que le sacaran en cara a uno su total y absoluta pendejería? Los tiempos de España, en los que nos mantenían, a pesar de todo, nuestros queridos padres, estaban tocando a su fin.

Había, indudablemente, pequeñas grietas en aquel proceso de colonización lingüística que intentó abilinguarnos a ultranza. Aun a esas fervientes embajadoras de la americanización civilizadora que eran las monjas dominicas de mi escuela, se les escapaban detalles portadores del virus de la contradicción. Su nacionalismo irlandés irrumpía incontenible el 17 de marzo de cada año, cuando nos obligaban a cantar,

14

montaditos en banquetas verdes, el repertorio completo de baladas patrióticas como *Galway Bay, Oh, Danny Boy* y *When Irish Eyes Are Smiling*. Por algo no he olvidado yo nunca una estrofa de la primera, vibrante de pasión anti-británica y, en el contexto de la academia, peligrosamente subversiva:

> *For the strangers came and tried to teach us their ways*
> *And scorned us just for being what we are*
> *But they might as well go chasing after moonbeams*
> *Or light a penny-candle from a star.*

Tuve, además, en la escuela intermedia, dos maestras de español que hicieron honor a la magia inesperada de sus apellidos, Betances y Palés, desviviéndose por sembrar en nosotros alguna secreta semillita de puertorriqueñidad. Los primeros poemas que aprendí de memoria en español en la clase de *Miss* Betances fueron, significativamente, *Ausencia* y *Regreso* de Gautier Benítez.

Con la perspectiva que da el tiempo, caigo en cuenta de que los alumnos de las escuelas privadas americanas éramos los conejillos de Indias vanguardistas de una solapadamente violenta experiencia despuertorriqueñizadora. Padecimos los efectos concentrados y acelerados de lo que gradualmente iba a ir viviendo el país. Se nos preparaba esmeradamente para cursar estudios en las universidades de la metrópoli imperial y luego, en el caso de un retorno eventual, para formar parte de la élite dirigente pro-americana de Puerto Rico. En muchos casos, como era de esperarse, el proyecto se apuntó un triunfo resonante. En otros —los menos, me imagino— al producir exactamente su contrario, fracasó estrepitosamente.

Segundo *Round*

Dice Albert Memmi que cuando el colonizado toma conciencia de su opresión, se mueve hacia el extremo opuesto, abrazando un nacionalismo defensivo que le permite afirmarse en lo propio. Y tiene toda la razón. Yo misma viví, como otros tantos puertorriqueños marcados por el pensamiento albizuista, la dinámica del rechazo a los valores impuestos y, en particular, a la lengua del colonizador. La fuerza del péndulo dialéctico me llevó inclusive a deformar "de maldá" mi antigua y bastante pasable pronunciación, tan penosamente adquirida a través de los años, para adoptar el rebelde inglés patriótico de la intelectualidad nacional.

La Universidad de Puerto Rico, a la que milagrosamente acudí en lugar de exilarme, gracias a una beca, en algún *college* católico norteamericano, me propinó el primer puñetazo ideológico. Estudiar en español me parecía completamente extraño y ajeno. Sólo en el curso de literatura moderna y contemporánea de Robert Lewis podía aprovecharme y contestar los exámenes en la lengua que, por pura costumbre, me resultaba más natural al escribir.

Al cruzar el umbral de la Facultad de Humanidades, me topé cara a cara con la noción devastadora del ridículo. Ridículo era, por primera vez en muchos años, vacilar y no encontrar el término buscado en español; ridículo, introducir frases ingeniosas en inglés que ya no contaban con la complicidad divertida de los compañeros; y más ridículo aún, el declararse apolítico cuando todas las nuevas amistades militaban furiosamente en las filas del independentismo tirapiedras de los sesenta.

Me imagino la angustia sin par que habrán experimentado mis padres al presenciar el desplome gradual del muro de contención edificado a mi alrededor por ellos con tanto sacrificio. El terror del fichaje —terror retrospectivamente justificado por el descubrimiento tardío de las infames listas de subversivos— martirizaba sus sueños de paz y progreso para la familia. Desde mi actual personaje de madre, no puedo, en justicia, culparlos por unas decisiones que fueron el fruto de su honesto convencimiento e incuestionable buena intención. La verdad me obliga, sin embargo, a consignar la dificultad dolorosa de aquella ruptura paulatina que me colocó al margen de la ley y el orden, enfrentándome al peso de una educación dulcemente enajenante. Los amigos radicales y la literatura puertorriqueña de la Generación del 50 se aliaron al aire de aquellos tiempos sacudidos por grandes cataclismos políticos internacionales para machetear el cordón umbilical que me ataba a un pasado ahora estigmatizado.

Paradójicamente, la selección del francés como área de especialización académica despejó bastante la atmósfera de tensión lingüística en que me debatía. Mi posterior traslado a Francia para proseguir estudios graduados fue y sigue, sin duda, siendo una de las experiencias más descolonizadoras de mi vida. El aprendizaje de la lengua de André Breton no sólo posibilitó mi cita inaplazable con el legado intelectual francés de raíz eminentemente liberal sino con el universo antillano francohablante que tanta luz arrojaría sobre mi propia identidad de mujer caribeña. La adquisición de una tercera lengua, afectivamente positiva, y el descubrimiento ulterior de un Caribe culturalmente deslumbrante, a cuyo estudio me dediqué con entusiasmo, trajeron como efecto secundario una necesaria reconciliación con el inglés.

"El difícil" no se me presentaba ahora como un enemigo ancestral de la puertorriqueñidad ni un contaminador malévolo de lenguas maternas sino como una herramienta clave, como una llave imprescindible al conocimiento universal. Tras haberme sumido en los abismos de la más desconcertante ambivalencia, el inglés me mostraba al fin su rostro oculto, amable y generoso, el de una lengua ágil y hermosa que me permitiría salir al encuentro de una gran parte de los habitantes del planeta, entre los que se hallaban, en palco de preferencia, nuestros vecinos del Caribe anglófono y nuestros propios compatriotas, emigrados por necesidad a las "entrañas del Imperio".

En el inventario de bienandanzas que fue preciso levantar para poder fumar la pipa de la paz con "el difícil", no podía faltar la valoración de la literatura, la canción y el cine norteamericanos, cuyo disfrute nunca me fue negado en versión original. Volví, tras algunos años de abandono, a devorar en inglés lo que más placer me proporciona leer hasta el día de hoy: la narrativa policial. Sentía que aquel ostracismo voluntario, aquel detente que me había visto obligada a proferir para lograr rescatar lo que por derecho natural era mío, le había abierto las puertas al reflujo de unas aguas esencialmente vivificadoras. Había logrado recuperar la lengua de mi educación, cambiándole el signo negativo que las circunstancias políticas y sociales de mi país le habían conferido y devolviéndola a su verdadera vocación, la de todas las lenguas: la comunicación humana.

Empate por decisión

Como maestra de francés que soy desde hace más años de los que me gustaría admitir, me preocupa profundamente la política educativa de nuestro país en lo que toca a la enseñanza del inglés. Creo firmemente que hay que desculpabilizar el aprendizaje de esta importante lengua que aprendemos tan deficientemente a lo largo de doce años de vida escolar obligatoria.

Habría, en primer lugar, que declararla, de una vez por todas y sin ambages, lengua extranjera. Ese *status*, que nada tiene de humillante, facilitaría un cambio de óptica en su pedagogía. Una lengua extranjera, como saben todos los especialistas de estas disciplinas, no se puede enseñar como la materna. Las técnicas didácticas y los postulados de base que fundamentan cada área son totalmente diferentes. Al aclarar tan capital asunto de filosofía educativa, podría entonces concentrarse dicha enseñanza en unos cuantos años bien escogidos y mejor programados. Así, no constituirían una carga psicológica, onerosa por su obligatoriedad, para nuestro alumnado.

Otra forma de legitimar el estudio del inglés —y no es ciertamente la más fácil— consiste en fortalecer el del español, actualizando el programa de lecturas y modernizando las estrategias para la práctica de la redacción. Un pueblo seguro de su lengua propia puede encarar, sin miedo y con orgullo, el conocimiento de otras que ya no representarían una amenaza de desintegración moral sino más bien una promesa de expansión espiritual.

La desculpabilización del inglés implica una transformación radical de las actitudes hacia esa lengua, ligadas muy estrechamente a nuestra ambigua relación política con los Estados Unidos. Ahora que tanto se habla de reforma educativa, no estaría mal comenzar a formular interrogantes y esbozar sugerencias. Ampliar la enseñanza de lenguas extranjeras en general (francés, portugués, por lo menos) favorecería el alcance, para nuestra juventud, de más variados empleos y mayores vías de crecimiento intelectual. En el plano más profundo del desarrollo humano integral, sería —rompiendo los viejos esquemas de la dominación colonial —darles fuerza a sus alas.

Ñapa pugilística

Querido "difícil": no creas que aquí terminan, como después de una terapia psico-sexual, nuestras peleas conyugales. Si algo me han enseñado cuarentipico años de vida contigo es que, en definitiva, nada es sencillo ni absoluto. Hoy puedo decir, con agradecimiento y sin rencor, que no me arrepiento de nada: ni de haberte frecuentado desde mi tierna infancia ni de ser hija orgullosa y rebelde de esta isla amada.

En: *Diálogo,* marzo de 1989.

Encuentros con el Hombre Lobo

I El lobo en el patio

Estoy nuevamente en aquel barrio de Santurce en el que viví los primeros trece años de mi vida: el de la parada 20 abajo, al final de la avenida Hipódromo, en el último tramo sin salida de lo que era entonces la calle Feria. El momento: la muy freudiana y muñocista época de los cincuenta. La sirena de la Cervecería Corona y el silbato del tren de las cinco enmarcan sonoramente el tranquilo transcurso del día en aquella vivienda de madera y lata habitada por murciélagos, ratones y gente. Cuatro casas comparten un espacio común: el patio donde jugamos los niños y conspiran los adultos. A mi lado estoy yo misma, una nena confundida preguntándole por enésima vez a la madre: ¿Por qué está llorando Dora? Cosas de matrimonios, responde bajito ella con el gesto que despacha mi pregunta. No hay que meter cuchara en plato ajeno, me dice su actitud discreta y terminante.

Al llanto quejoso de la vecina se añaden ahora los gritos del marido. Debe estar más jalao que un timbre e guagua, dice mi padre con una sonrisita suspicaz que no esconde la nerviosidad. Breves silencios abren paréntesis en la garata conyugal que todos escuchamos como si fuera una misa radial. De vez en cuando un aullido puntúa la calma de huracán que reina en el vecindario. La escena es ya tan cotidiana que a nadie se le ocurre siquiera asomarse, ocupados como lo estamos todos en los ritos del anochecer. Además, existe el temor de que la solidaria preocupación pudiera pasar por curiosidad malsana.

21

Pero ya los gritos y los sollozos no dejan oír el último capítulo de *Cuando los hijos condenan*, la telenovela que tiene a todo Puerto Rico en el borde de la butaca. La villana Lydia Echevarría está en el momento culminante de su traición televisada cuando llega corriendo al balcón de mi casa, con la boca ensangrentada y la blusa desgarrada, la protagonista del drama real: nuestra vecina Dora. Ayúdenme, es todo lo que alcanza a murmurar antes de caer en brazos de mi madre. Mis ojos azorados la recorren de sur a norte. Tiene las piernas y los brazos cubiertos de mordidas violeta y en el pecho, como dos ojos furiosos, un par de quemaduras rojo escarlata.

Dora se queda esa noche con nosotros. Yo rondo por el pasillo sin entender esas cosas de matrimonios que ahora también son nuestras. La explicación oficial es que nuestra huésped "está mala". Pero las puertas de mi casa, esa noche, tienen trancas.

Al día siguiente, Dora no acepta ni siquiera echarse al cuerpo el buchecito de café prieto que le ofrece mi madre para enfrentarse al día. La veo alejarse, arrastrando las chinelas, su cuerpo menudo ocultado por la bata demasiado ancha de su vecina. El regreso cuenta con un consenso absoluto por parte de todos: una mujer nunca, jamás, bajo ningún concepto y ninguna circunstancia, abandona su hogar así porque sí. Después de todo, ya a José Juan se le habrá pasado la borrachera, condenao muchacho ese, y estará tendido, inofensivo tras el arranque de la víspera, en el sofá de la sala. El reencuentro no lo presencia nadie: el silencio da testimonio de la paz. Al rato, una impresionante procesión de flores —gladiolas, claveles, crisantemos— desfila por el callejón hacia el balcón de la casita de Dora. El arrepentimiento ostentoso del marido, más para consumo de la opinión pública que como expiación de la barbarie, se impone con la misma violencia que los golpes. Suavemente, Dora abre la puerta para firmar el recibo de la floristería. Una sonrisa tenue embellece su cara hinchada por el llanto.

Esa experiencia con las "cosas de matrimonios" que, décadas después, llevarán el título clínico de "violencia doméstica" no marca la primera aparición del Hombre Lobo por mi barrio. Ni la última. La esposa de Don Manolo, el papá de mi amigo Manolito, esconde los cuchillos de cocina cuando a su marido, como dice fatalistamente ella, "se le sube lo malo". El cortejo de Gloria, recién llegado de Corea, espera que ella se quede dormida para caerle a puños, por si acaso ha tenido el atrevimiento de soñar con su primer marido. A Don Dani, tan amable, tan fino, tan buen vecino él, le ha dado con patearle el vientre preñado a la mujer para que acabe de botar ese muchacho que es el clavo final en la cruz de su eterno desempleo. En la escuela donde trabaja mi madre, ya van cinco muchachas este año que han salido encinta sin estar casadas. Cosa muy natural cuando se sabe que el bebé esperado es a la vez —y en todos los cinco casos— hijo y nieto del padre. Don Gabo, el Guardia Nacional de la esquina, ofrece llevarnos a la escuela cada mañana con la puerta del carro y la bragueta abiertas en *open-house* permanente.

Los titulares de los periódicos traen ecos de ocurrencias truculentas bajo nombres aún enigmáticos para las niñas curiosas: incesto, violación, asesinato pasional... Todo esto repercute directamente en nuestras vidas mansas y resguardadas. A mi hermana no la dejan ponerse faldas tubo para que los legendarios "Comandos" no le vayan a tajear las nalgas con sus navajas de afeitar. Y cuando vamos a la tiendita en busca de pilones con ajonjolí, nuestra madre nos dice, con la boca fruncida y la mirada grave: Mucho ojo, bien sericitas, saben, no le pelen el diente ni a los vecinos... ¡Sobre todo a los vecinos, bendito sea Dios!

Papá también nos tiene bien advertidas: Caminen siempre sin remeneo de nalgas para que no den de qué hablar y junten las rodillas cuando se sienten para que ningún soplapotes me las vaya a ligar. No silben ni usen pantalones, que eso es cosa de machos. Y estudien mucho para que se consigan su diploma, que los hombres luego se van... En definitiva, que la calle está llena de peligros, que hay que andar alertas y poner cara de mangó verde al acercarse a los bares donde se juntan en racimos esas criaturas peludas y temibles que nos acechan sin tregua con su mirada de melao. Es el mismísimo Hombre Lobo, aquel capaz de hacerles el más dulce de los bienes y el más amargo de los daños a las temerarias que tengan la osadía de atravesar solitas el bosque las noches de luna llena.

Pero aprender a reconocer al Hombre Lobo es mucho más complicado de lo que pensamos. Sabemos que es astuto, peludo y bravo. Sin embargo, su cara puede ser suave y lampiña, su palabra infinitamente azucarada y seductora. Las adolescentes de los cincuenta sueñan todas con Tito Lara y se saben de memoria las canciones del Trío Vegabajeño. Las serenatas que le traen a mi hermana y que ella escucha emocionada tras las celosías entornadas de la sala llegan, atravesando la neblina del mosquitero, como un aroma dulce de jazmines hasta mi cama todavía inmaculada. La educación sentimental del bolero se va infiltrando tiernamente a son de guitarras, llenándonos las cabecitas de floridas cursilerías que nunca olvidaremos y románticas expectativas de felicidad que nunca conoceremos. Hipnotizadas por la poesía sensiblera de esas canciones repetidas como letanías desde siempre, nos peinamos sonrientes frente a un espejo turbio que nos retrata a veces como seres etéreos, casi incorpóreos, incapaces de cualquier imperfección terrenal y otras veces como crueles e insensibles pecadoras, Evas tentadoras que arrastran a los hombres buenos a su perdición.

Nos habita hasta la muerte la doble visión del Hombre Lobo fiero y tierno y su inseparable corolario, el de la Caperucita seducida y seductora. Crecemos apretando las rodillas para estar siempre bien sentadas y apartando la vista para evitar el peligro de esa mirada fascinante y fatal. Mientras tanto, fabricamos locas fantasías de pasiones desbocadas, compañeros fieles y amores inmortales que serán a la vez el veneno y el antídoto de nuestra soledad.

II El lobo en el baño

Son las diez de la noche. El calor rompe récords y la humedad está verdaderamente insoportable. Imposible posponerlo más. Entro al cuarto de baño, descorro la cortina plástica salpicada de hongos y abro las plumas para preparar la ducha salvadora. Según me voy desnudando, el espejo se cubre de vapor, nublando mi imagen reflejada, dejándome absolutamente separada de mí misma. Mientras el chorro golpea mis hombros y los dedos tibios del agua se deslizan por mi espalda, trato de no pensar en el rostro siniestro de Anthony Perkins, asomado al agujero sin fondo de mi memoria.

En la modernuca sociedad puertorriqueña, nacida de un acto de guerra y marcada por el azote implacable de la dependencia económica, el desempleo y las drogas, la violencia es un estilo de vida. En años recientes, las estadísticas del crimen han hecho de San Juan la más prometedora aspirante al título de Ciudad Más Peligrosa del Caribe. El estrés rebasa los límites de la credibilidad, perfora la capa de ozono psicológica que nos protege de las malas vibraciones. Sobre todo, cuando se nos van cayendo algunos velos de los ojos y empezamos a sospechar que el Hombre Lobo ya no sólo le aúlla a la luna en nuestro patio mientras lo observamos con una mezcla de curiosidad y susto desde la protección de nuestras ventanas enrejadas. Sobre todo cuando descubrimos horrorizadas que el hogar no es, no ha sido nunca, no será jamás un tabernáculo sagrado, que el peligro está también adentro, detrás nuestro, al lado nuestro y que ese príncipe durmiente que roza nuestro cuerpo en la cama de agua nupcial corre el riesgo impredecible de echar súbitamente garras y pelos.

Y eso que no sabemos más que los números oficiales, que no nos imaginamos la cantidad real de mujeres asesinadas diariamente por esposos, ex-esposos, amantes, novios y padres. Los sociólogos nos escandalizan con el anuncio de que dos de cada tres mujeres sufren maltrato conyugal en el país. Ante el peso de la prueba, nosotras, las ex-niñas de los cincuenta, las ex-adolescentes de los sesenta, comenzamos a entender por qué nuestras ilusas madres nos aconsejaban que no nos casáramos con un puertorriqueño. ¿Es esta violencia sexual un rasgo cultural de nuestra sociedad? ¿Será sencillamente la expresión reincidente de una genética determinista que desde los tiempos de los cavernícolas nos persigue como una maldición? ¿Podría explicarse acaso como el contraataque de un machismo en crisis después de las conquistas feministas de los sesenta? ¿O será más bien el resultado de una crianza y una educación que nos programan para la fatalidad del desencuentro?

Las imágenes que desde la infancia nos vamos (nos van) creando del sexo opuesto (El Rey de la Casa, el Galán Picaflor, El Sátiro Violador, el Buen Proveedor) y del propio sexo (La Heroína Casta y Pura, La Mater Dolorosa, La Víctima Feliz, La Vampiresa Castrante) impiden en gran medida la comunicación auténtica entre hombres y mujeres. Más parecemos dos especies en guerra, empeñadas en la destrucción, que dos variantes dignas de una humanidad rica y diversa. Dentro de esa educación basada en la falsa representación, en la nostalgia de la dominación y la deformación del sentimiento, la mitología del Hombre Lobo es a la vez temible y atractiva. Reduce a los hombres a una animalidad simultáneamente reprimida y deseada. Reduce a las mujeres al miedo, la sumisión o la hipocresía.

La toma de conciencia de nuestra sujeción a unos estereotipos tan profundamente anclados nos puede llevar incluso hasta el desarrollo de una actitud paranoica y autojustificativa que a menudo resulta la peor de las defensas. Así, le reprochamos exclusivamente al hombre una violencia a menudo aprendida con nuestra complicidad de madres orgullosas o nuestra complacencia de damiselas seducidas. Por otra parte, la rebeldía de las mujeres contra un orden social aplastante se convierte a veces en un revanchismo tan machista como su causa directa. El mito de la Mujer Loba se levanta de las cenizas de su contrario para, por un curioso efecto neutralizador, darle vida y perpetuarlo.

Los lobos, ¿se podrán domesticar? ¿Habrá tal cosa como

un lobito bueno? ¿Podremos hasta llegar a tener uno en la casa? El cuento del lobo nos persigue, nos atormenta, nos confunde, nos impide inventarle otro final, un final que nos permita sobrevivir esas peligrosísimas noches de luna llena.

Hay quien dice que las confrontaciones feministas de este siglo finiquitado han desnaturalizado las relaciones entre los sexos. Vale la pena preguntarse: ¿Es que alguna vez fueron naturales? Estamos viviendo tiempos de profundo cuestionamiento del gesto que creíamos inocente, de la palabra que pasaba por espontánea. En estos momentos de búsqueda, todo es y todos somos absolutamente sospechosos. Nada ni nadie se da ya por sentado.

Pero mejor así. Mejor así que la paz de los sepulcros. A pesar de la artritis, hay que cruzar los dedos. Esperemos desesperadamente que, tras la crisis de confianza, tras estas dolorosas pero saludables sacudidas de la corteza de la tierra, podamos redefinir el amor, negar el yugo esclavizante de los viejos boleros y afirmar la fuerza libertaria de esas nuevas —y seguro que bellísimas— canciones que estamos por componer.

En: *Diálogo*, marzo de 1994.

27

Saludo a los niuyorricans

I

Aun cuando todavía no había un Expreso Las Américas para demostrarnos matemáticamente lo rápido que se atraviesan 35 millas de sur a norte, nuestros queridos maestros de Estudios Sociales nos machacaban ya que Puerto Rico era una isla —ni siquiera un país, mucho menos una nación, sino una *isla*— enana, minúscula, microscópica, absolutamente indefensa y desvalida, un pobre peñón caribeño marcado por la mala pata histórica y salvado únicamente por su privilegiada posición geográfica, a medio camino entre la Barbarie y la Civilización.

Aun cuando todavía vivíamos en casas de madera sujetas a polillas y huracanes y ni siquiera sospechábamos que la única siembra próspera de nuestros campos sería algún día la de esas jaulas amontonadas que hoy llamamos "urbanizaciones", ya nuestros queridos padres nos arrullaban con sus aleluyas a una modernidad que desde el 1952 no había dejado de llover (perdón, Doña Fela, de nevar) sobre nuestras cabecitas de Pueblo Elegido.

Así creció mi generación, catequizada impecablemente en el nombre del Dólar, la Guerra Fría y la Planificación Familiar, esa generación adoctrinada en la doble visión de un Puerto Rico fatalmente pobre y dependiente pero providencialmente rescatado del subdesarrollo por la oportuna intervención del Destino Manifiesto. Y así también creció la percepción que, desde su complejo de inferioridad sublimado, proyectaba "la

29

isla" a una América Latina recelosamente deslumbrada por nuestro triunfal himno al Progreso.

El síndrome Nicolás Guillén —"¿Cómo estás, Puerto Rico, tú de socio asociado en sociedad?"— nos perseguía sin tregua, obligándonos a justificar —no sin cierta vergüenza— el enigmático pacto mefistofélico del colonialismo por consentimiento. Se hizo lo imposible por maquillar el asunto, cosa de salvaguardar nuestra siempre precaria salud mental. Hubo heroicos intentos por tratar de reconciliar las bendiciones de la tecnocracia gringa con el *cachet* decadente de una idílica Hispanidad. Bandera no era precisamente lo que faltaba: hasta una extra había. De lenguas tampoco carecíamos: cantábamos décimas en español, nos ganábamos las habichuelas en inglés y las comprábamos, enlatadas y listas para servir, en *Spanglish*. Teníamos inclusive una moneda imaginaria para jugar a la soberanía nacional: el mitológico peso puertorriqueño con sus chavos, vellones y pesetas para confundir a esos pobres turistas que en vano buscaban las equivalencias con el dólar en la Guía *Michelin*.

Mientras tanto, el sanano cordero del escudo ni siquiera balaba como el cabro estofado de Palés Matos. Y "el jardín florido de mágico primor" de nuestro exótico himno bailable eclipsaba, con su retórica paisajista, cualquier embarazosa resonancia guerrera a lo Lola Rodríguez de Tió. ¡No en balde René Marqués, víctima de su propio *down* generacional, tuvo que sentarse a escribir el tan polémico *Puertorriqueño dócil* que Juan Ángel Silén haría papilla años después!

Los gringos, por otra parte, también tenían sus tribulaciones personales. Ya habían tenido que chuparse la revancha histórica por sus múltiples maldades: las consecuencias inmediatas del kiosco que su creatividad imperialista había montado con todos los hierros. Y allá fueron a tener, con el *shopping* a cuestas, las oleadas migratorias de nuestra gente, embarcada en masa gracias a la política maltusiana de la "válvula de escape" adoptada por el gobierno. Como por arte de magia, pasamos, casi sin darnos cuenta, de *La carreta* a *La guagua aérea*. Y así, como una travesura inesperada de la historia, surgió ese "otro Puerto Rico" que proclama orgullosamente el poeta Tato Laviera en las calles de Nueva York.

Como si fuéramos pocos, parió la abuela, como si no nos hubieran dañado suficientemente la cabeza con las dichosas leyes Jones y Foraker, con los treintipico años de enseñanza pública obligatoria en inglés y los güelemil más de persecución ideológica, como si con los veteranos craqueados y los muertos sin velorio de todas esas guerras ajenas, como si con el secuestro de nuestra fantasía y la parálisis de nuestra voluntad no hubiese sido suficiente, algún espíritu burlón nos acabó de trancar el dominó, nos puso para siempre los huevos a peso con la irrupción fulminante en el panorama insular de esas versiones extraterrestres de nosotros mismos que se suele llamar genéricamente —sean o no sean de Nueva York— los "niuyorrícans".

¿Puede alguien en su sano juicio negar el hecho incontestable de que acá abajo, en Borinquen Gardens, en el pobre peñón caribeño puesto a gozar por la Doctrina Monroe, hubo, ante las realidades complejas de la emigración confusión, miedo y escándalo?

Si la ambigüedad rodeó al fenómeno de la emigración, si la percepción que de ella tenemos resulta confusa y conflictiva, ¿no será porque la ambigüedad ha sido siempre lo nuestro, porque la retórica de camuflaje que ha nombrado nuestro revolú político ha sido y sigue siendo inevitablemente nebulosa?

II

Mi primer contacto con los famosos niuyorrícans vino a través de mi prima Carmen quien, a fines de la década de los cincuenta, llegó como un temporal sin anunciar a pasar las vacaciones en casa de mis padres. Lo primero que hizo, después de saludar a todo el mundo y repartir los regalos de rigor, fue engancharse el traje de baño de una pieza a lo Esther

Williams y espatarrarse a coger sol en el patio, atrevimiento que no le hizo ninguna gracia a mi madre y puso a mi padre al borde del derrame cerebral. No conforme con aquel insolente desafío a la tradición boricua, tuvo los pantalones de irse a andareguear sola por las calles de Santurce, para la gran envidia de mi hermana, a quien jamás se le había permitido conocer tal insólito placer, reservado exclusivamente para los hombres.

La noche que Carmen salió a bailar con un tipo que había conocido nada menos que en una guagüita pisicorre, por poco hay una guerra civil en la sala de mi casa. Al día siguiente, ya habían empaquetado a mi pobre prima y la habían mandado en carro público para Arroyo, donde la autoridad de esa versión puertorriqueña de Bernarda Alba que era mi abuela materna, logró salvarla de la perdición.

Carmen fue, definitivamente, la primera mujer liberada que conocí en mi vida, aunque en los años cincuenta esa condición recibía un nombre mucho menos halagador. Cuando tuvo que abreviar sus vacaciones y regresar a Nueva York para evitar la hecatombe familiar, la eché mucho de menos. Se fue, furiosísima, jurando que si volvía a Puerto Rico se quedaría en un hotel aunque tuviera que estostuzarse trabajando día y noche para poder costeárselo.

Los niuyorrícans retornaron a mi vida con el estreno de la película *West Side Story*. Tengo que admitir que la encontré muy divertida y hasta me compré el disco para cantar con Rita Moreno:

> *A boy like that, who killed your brother,*
> *Forget that boy and find another...*

Pero todavía recuerdo el tremendo piquete que montaron algunas personas frente al cine Matienzo de Santurce para protestar por la dizque mala imagen de los puertorriqueños que se atrevía a imponernos Hollywood. Llovían los comentarios indignados: ¡qué vulgaridad, Padre Celestial, esos americanos se creen que aquí no hay más que pillos y negros! Y menos mal que Natalie Wood había salvado el honor nacional con su pelo lacio y su perfil griego. Años más tarde, descubrí que el éxito internacional de esa película nos había puesto, a pesar de los pesares, en el mapa del mundo. Cuando, a fines de los sesenta, me fui a estudiar a Francia con una beca, mis amigos franceses —que no distinguían a Puerto Rico de Costa Rica ni a Tahití de Haití— me bautizaron con el dudoso apodo de *Mademoiselle West Side Story.*

Al cumplir los trece años, fui por primera vez a Nueva York con mi madre, quien debía sufrir una operación en un hospital de esa ciudad. Nos quedamos, por supuesto, en casa de Carmen, la prima liberada que tanto había escandalizado a mis padres. Pero allí recibí una imagen muy diferente de la niuyorricanidad. Era el 1960 y todavía en esa época, afirmarse como puertorriqueño resultaba bastante tabú. Para poder sobrevivir en aquella jungla, Carmen decía que era *Spanish* y me aconsejaba que hiciera lo propio.

Por primera vez experimentaba yo el malestar de un rechazo posible. Hay que portarse bien y dar buena impresión, me repetía ella, no vaya la gente a pensar que los puertorriqueños son todos iguales. Si bastante malo era pasarse el día tratando de mantener en alto el nombre de Puerto Rico, peor todavía era tener que poner una hipócrita cara de circunstancia cuando alguien le tiraba a uno, como un dardo envenenado, el ambiguo elogio: *You don't look at all Puerto Rican!* Mi único recuerdo agradable de esas vacaciones neoyorquinas fue un breve —pero intenso— romance con Billy, uno de mis guapísimos primos niuyorrícans, único romance en inglés (suspiro) de mi biografía amorosa.

En Puerto Rico, ya Miguel Ángel Álvarez se ocupaba de darnos su paródica versión de los puertorriqueños de Nueva York con el personaje de "Johnny el Men", especie de pícaro bilingüe que hacía las delicias de la recién iniciada audiencia televidente. Para entonces, los niuyorrícans representaban, en muchos sentidos, una amenaza. Amenaza absoluta para la buena imagen (*whatever that means*) de Puerto Rico en el extranjero. Amenaza para el idioma (como si el español boricua fuera tan puro y casto); amenaza para las costumbres tradicionales, sobre todo las que tocaban a las mujeres, no fueran éstas a envalentonarse y volverse tan cueras como esas gringas playeras con las que los muchachos de mi generación pretendían librar la coca. Y hasta amenaza para la sacrosanta paz social, puesto que la criminalidad, que comenzaba a azotar más visiblemente al país, se asociaba con las idas y venidas de los de allá y la imitación de los modelos de la violencia neoyorquina.

Aquellos ventarrones se convirtieron en tempestades durante la década de los setenta. Pero de una manera muy imprevista. Los hijos de los emigrantes de los cincuenta eran ya jóvenes adultos. Muchos de ellos hablaban más inglés que español, un inglés muy especial que combinaba los ritmos y sonoridades de los negros de Harlem con la presencia subversiva y escandalosa de un español tropical. De pronto, estos nuevos puertorriqueños, estos niuyorrícans, estaban dando fe de un cambio social dramático que arropaba también a la isla pero de una forma totalmente diferente. De pronto, era evidente que había más de una manera de negociar con una misma realidad.

Lo próximo que supe de estos jóvenes niuyorrícans fue que usaban boinas negras, que marchaban con la bandera de Puerto Rico y que formaban gangas políticas a lo *Black Panthers* con nombres arrogantes como el de los *Young Lords*. Pero lo más sorprendente de todo era que estos chicos, que apenas podían expresarse en la lengua de sus padres, reclamaban ahora un Puerto Rico inexistente para nosotros los de acá, una isla idealizada por la ausencia, un país incambiable y eterno, detenido en el tiempo, extrañamente fiel a sí mismo, con su identidad fijada y totalmente resuelta. El encuentro de este mito con las realidades concretas de la isla tenía que ser explosivo.

Entonces la *Fania All Stars* rompió con su "Ahora vengo yo" y esa corriente reivindicativa de la identidad llegada del continente electrizó y revitalizó la cultura musical boricua. Y la salsa, como antes *West Side Story*, atravesó el mundo para proclamar nuestra existencia. Los niuyorrícans, en una fusión deslumbrante de culturas caribeñas que quizás no hubiese sido nunca posible desde el insularismo del archipiélago, le dieron así una embajada internacional a un país sin soberanía: preciosa serás sin bandera pero aquí está la salsa, por si las moscas...

Otra de las imágenes de la puertorriqueñidad que nos ha legado la emigración es la de un nuevo tipo de luchador nacionalista. Ahora que las vistas del Cerro Maravilla se han dado a la ingrata tarea de dejarnos sin héroes independentistas con la revelación estremecedora de las fabricaciones y los complots de la policía romerista, cabe señalar que los niuyorrícans se han encargado de suplirnos algunos. Entre ellos, el personaje más fascinante quizás, del imaginario patriótico: William Guillermo Morales, el manco mágico de las FALN, que echó alas en lugar de manos y se le escabulló al FBI en las propias narices; William Guillermo, el que aprendió a hablar español en las cárceles mexicanas y ahora lo sigue perfeccionando en Cuba, con la esperanza de venir un día al país por el que dio las manos.

III

Sé que están esperando ansiosamente una conclusión. Para poder complacerlos, hubiera tenido que abordar las luchas por la sobrevivencia del español en nuestra tierra o por lo menos tratar de polemizar en torno a aquel famoso *slogan* promocional del *San Juan Star* que proclamaba que el ser puertorriqueño no era cuestión de idiomas. Hubiera tenido, en fin, que analizar cuidadosamente el concepto de minoría étnica y compararlo, más cuidadosamente todavía, con el de emigrantes coloniales. Pero como no soy socióloga ni historiadora, como mi intención no ha sido la de pontificar, cual oráculo no autorizado, sobre cuestiones tan complejas, he preferido darles una idea general del arroz con cuajo que reina en eso que llaman el subconsciente colectivo, acosado por tantas imágenes contradictorias de la identidad puertorriqueña. Dentro de ese arroz con cuajo, la Conexión Niuyorrícan es vital. En el siglo XXI, tendremos probablemente más boricuas viviendo allá que acá y muchos más, como las olas del mar Caribe, yendo y viniendo. ¿Cómo se definirá entonces esa obsesión inefable que hemos llamado puertorriqueñidad? ¿Qué decisiones venidas de afuera o nacidas de adentro nos marcarán un rumbo nuevo? De la Vitrina del Caribe, agrietada por los golpes y equipada con alarmas antipillo, al *Melting Pot* de la racistísima Babel de Hierro, ¿Cuántas veces más nos preguntaremos, en español, en inglés, en *Spanglish* y hasta en francés, como lo hizo Betances, quiénes somos? ¿Cuántas veces diremos, con Sandra María Esteves:

Who are we, today, now, waiting on the shores of fulfillment?

Y cuántas más responderemos, como Manuel Ramos Otero:

Porque yo siempre fui lo que me hicieron.

Bienvenidos a casa, colegas, compatriotas, hermanos niuyorrícans, porque en la medida en que esta casa nos pertenece, es también la suya. Unan sus voces a las nuestras, disonantes todas, a ver si improvisamos algún día un himno en el que podamos reconocernos. El ritmo podría ser de plena, de salsa o quién sabe si de *rap*. La letra, por supuesto, estará siempre por reescribirse.

Apertura del Segundo Encuentro de Escritores Puertorriqueños de Puerto Rico y Nueva York, 20 de abril de 1992 en Mayagüez.

La felicidad (ja ja ja ja)
y la Universidad

La primera vez que planté un tímido *Champion* en el sacrosanto *campus* de la UPR en Río Piedras, allá por la remota y revoltosa década de los sesenta, fue con las piernas temblorosas y el corazón a millón. Sí, aunque parezca increíble, tremendo sustito aquel. Porque en 1964 la Universidad de Puerto Rico representaba, para la nenita estofoncita y bobita de colegio católico americano que era yo entonces, nada menos que la Encarnación Institucional del Mal. Por favor, nos aconsejaban juiciosamente aquellas monjas dominicas que eran nuestras mollerudas guardaespaldas espirituales, no vayan a la UPR: van a poner en peligro su fe.

Palabras con luz. Si algo me enseñaron mis cuatro años en esa especie de Territorio Libre de América que ha sido para mí la UPR fue a desconfiar, a sospechar, a poner siempre en peligro todo tipo de fe. Yo venía de un mundo pre-fabricado, pre-programado y casi pre-destinado, en el que gobernaban sin partido de oposición el miedo y el dogma. Y dentro de ese mundillo, para qué negarlo ahora, era, como la mayoría de mis compañeros de clase, relativamente feliz, según la definición años-cincuenta, urbanizada y libreasociada de la felicidad. Aceptaba sin mayores cuestionamientos el orden impuesto en la casa y en la escuela. Y como nada puede resultar amenazante para quien se alínea mansamente con los dictados de la autoridad doméstica, académica y celestial, vivía muy oronda e inocentemente persuadida de que aquel era el mejor de los mundos posibles.

Para los que nos criábamos bajo la sombrilla protectora del Estado Libre Asociado en los tiempos del muñocismo glorioso, todo era inevitablemente blanco o negro. No existía, no podía existir de ninguna manera eso que llaman por ahí las zonas grises. Estábamos seguros de que, como en las nuevas series de aventuras a lo *Perry Mason* que presenciábamos hipnotizados ante nuestros flamantes televisores Sylvania, los habitantes de este planeta estaban divididos en dos bandos irreconciliables: los buenos y los malos. Uno, claro, tenía que aspirar a ser contado entre los buenos, lo que excluía de toda posibilidad de salvación —según el código de la Guerra Fría— a los independentistas, los socialistas, los librepensadores en materia religiosa, los negros parejeros y las mujeres frescas.

Lo que quisiera contarles hoy aquí tiene que ver con el cambio que produjo el ir a la universidad en mí, en esa concepción binarista del mundo que, como a muchos de mi generación, me endilgó la crianza y me reforzó la escuela. No es mi intención hacerles llegar a la conclusión de que la universidad es algo así como la estadidad federada, una fórmula milagrosa para dejar de ser lo que somos y convertirnos en otra cosa. Ni quiero que piensen tampoco que las transformaciones de las que voy a hablar se dieron por obra y gracia única de la universidad. ¡Seguro que no! Todo el mundo sabe que por los portones de la UPR entran y salen igualitos todos los años cantidades industriales de zombis. Lo que sí puedo asegurarles es que ése fue el lugar de convergencia donde se dieron cita diversas corrientes electromagnéticas que transitaban, para aquel entonces, por toda la tierra. Corrientes con las que yo —inocente pero no menos mágicamente— me pude por fortuna conectar.

Los sesenta marcaron una especie de frontera entre el tiempo viejo y el tiempo nuevo en nuestro país y en el mundo entero. Hay quien dice —y con la distancia aumentan la idealización y el prestigio de aquellos años locos— que durante esa década se dio entre los humanos algo parecido a una revolución. Fenómenos como la Guerra de Vietnam, las protestas estudiantiles, las independencias africanas, las revueltas en los *ghettos* negros de los Estados Unidos, la Revolución Cubana y el movimiento feminista internacional, entre otros, produjeron una gran explosión en el panorama social de Puerto Rico. Era la época del pelo largo en muchachos y muchachas, de la moda unisex, los *hippies*, los *t-shirts* psicodélicos, las minifaldas a lo batutera y los mahones *bell-bottoms*; la época de Bob Dylan, Joan Baez y los Beatles, la de Roy Brown, El Topo, Chucho y Lucecita.

Estaban ocurriendo enormes cambios en las actitudes de la juventud, en sus ideas y su comportamiento. Por un lado, se liberalizaban las relaciones entre los sexos, se hablaba de "amor libre" y se ponía de moda la píldora anticonceptiva que había ensayado años antes el Dr. Pinkus con sus conejillas de Indias puertorriqueñas. Por otro, se popularizaban la marijuana y el ácido con la bendición de gurúes intelectuales como Timothy Leary. En la UPR, como en tantas otras universidades mundiales, se escenificaban con alarmante regularidad marchas y piquetes, protestas sentadas y paradas, tremendos corricorres protagonizados por los estudiantes y la policía. El gran *issue* del momento era el servicio militar obligatorio que llevaba a los puertorriqueños a participar por la fuerza en una guerra injusta, casi unánimemente criticada en el mundo. La presencia del ROTC en el *campus* universitario provocaba motines entre cadetes y jóvenes independentistas. La juventud andaba montada en tribuna y en cualquier esquina agarraba la guitarra un cantante de protesta o un artista convertía un pasquín en mural.

En el campo de batalla doméstico, los hijos se enfrentaban a los padres dentro de todo ese proceso de cambio social que debió parecerles bastante amenazante a nuestros pobres viejos. Imagínense lo que sería para ellos ver, de un día para otro, al nene andando por ahí con el pelo hasta los hombros y unos mahones rotos y desteñidos que ostentaban una bandera puertorriqueña en el trasero o a la nena, con su túnica india sin brasier y sus sandalias de cuero amarradas que le llegaban más alto que la micro-falda, coreando a todo pulmón una canción que repetía obsesivamente el inquietante estribillo: "¡Fuego, fuego, los Yanquis quieren fuego!".

Señala David Rodríguez Graciani, en uno de los pocos libros que se han ocupado del movimiento estudiantil en Puerto Rico, que fue precisamente en 1964, mi primer año en la UPR, cuando se desataron las furias ideológicas en el recinto de Río Piedras. Las frecuentes batallas campales entre derechitos e izquierdosos servían de pretexto a una policía entrenada por los federales para entrar al *campus* y repartir macanazos a diestra y siniestra. Aunque, para decir verdad, más a siniestra que a diestra...

No teman: no pienso hacer aquí el recuento detallado de aquellos revoluses que tenían a nuestros padres rezándole novenas a San Judas Tadeo a ver si se pegaban en la lotería y nos mandaban a estudiar "fuera". Pero espero haber dado una idea general del vendaval que me arrancó del patio del colegio católico americano donde se recitaba cada mañana el *Pledge of Allegiance* y me zampó en el mismo medio del huracán político-sexual que azotaba entonces a gran parte de las universidades internacionales.

¡Qué escandaloso, que *risqué* parecía todo eso en aquel momento! ¡Y qué anticuado les parecerá ahora a ustedes, la generación de la Videocracia! Figúrense que no fue hasta un año después de mi graduación, el célebre año de 1969 en que el astronauta Neil Armstrong clavó la pecosa americana en la luna, el año inolvidable del notorísimo Festival de Woodstock, que se atrevieron a llegar las primeras chicas en pantalones a los portones de la UPR. ¡Ay, Santa Luisa Capetillo, qué lenta, después de todo, es la evolución de la humanidad! Y les resultará gracioso saber que muchos profesores rehusaban categóricamente dejar entrar a las empantalonadas en sus salones de clases...

Para entender el arroz con ingrediente autocensurado que produjeron en nuestro país los referidos sucesos, hay que recordar algo que apenas hemos admitido hace un tiempo: la intolerancia y el espíritu represivo que reinaban en la sociedad puertorriqueña hacia todo lo que representara una desviación de la norma, un ataque al viejo ideal de estabilidad social que formaba la base de una definición ultra-conservadora de la felicidad. Para las personas temerosas del cambio, la felicidad consistía sencillamente en la negación absoluta de los problemas, el célebre síndrome del avestruz. Pero, claro, para poder lograr eso, había que meterles un tapón en la boca a los imprudentes que se pasaban levantando el esparadrapo y hurgando con dedo malamañoso en la cochambrosa llaga social. Casi el otro día, se vino a saber de la existencia de listas de subversivos, de carpetas secretas que fichaban a miles de puertorriqueños por el mero hecho de no compartir el pensamiento político dominante. Y uno se pregunta ahora, más de veinte años después: ¿a cuántos jóvenes se les habrán cerrado misteriosamente las puertas, las oportunidades de becas y empleos por haber figurado, sin saberlo, en esas siniestras listas? Por eso era que nuestros padres nos encomendaban todos los días a la Virgen de la Providencia: ¡para que la nena no les saliera encinta, al nene no se lo embarcaran para Vietnam y la policía no les fichara para siempre a ninguno de los dos!

Pero volvamos al cuento inicial, el de Alicia en el país del Cerro Maravilla, para medir las consecuencias intelectuales y psicológicas que sobre la nenita bobita y estofoncita de colegio católico americano tuvo esa volada de cráneo que fue la universidad de los sesenta. Antes que nada, quiero aclarar que estofoncita seguí y sigo, a mucha honra, siendo. Bobita, tal vez un poco menos, no estoy muy segura... Y esto último, no tanto gracias a mis profesores pues tuve muchos bastante autoritarios y aburridos que me hicieron cuestionar la validez misma de estar en la universidad. Por suerte, también tuve unos cuantos que justificaron de manera sublime el cruel silletazo de tres veces en semana, asumiendo con pasión y alegría su función de guías del pensamiento crítico.

Mis mejores profesores fueron, definitivamente, mis compañeros estudiantes. En el pasillo de la Facultad de Humani-

41

dades aprendí yo infinitamente más que en los salones de clases. Porque en ese pasillo venerable se reunían jóvenes de todas las extracciones sociales, de todas las creencias religiosas, de todas crianzas y escuelas y cabezas. Eso era ya un cambio enorme frente a la uniformidad forzada del colegio. Recuerdo que una de las primeras libertades que descubrí y experimenté con los amigos pasillistas fue la de la palabra. La liberación verbal, la posibilidad de expresarse sin ningún tipo de censura, mezclando impunemente buenas y malas palabras, frases cultas y cafres, opiniones de nuevo y viejo cuño, representó una guerrilla simbólica de reafirmación personal contra los tabúes de lo establecido.

De la palabra se pasa a la acción y la palabra en sí es un tipo de acción. Y nosotros fuimos cultivando, en esa brega, cierto liberalismo social que nos permitía considerar a todos por igual. En Humanidades, entré en contacto por primera vez con el llamado mundo *gay*, puesto que muchos de mis compañeros eran homosexuales. Para entonces, la revolución sexual hacía su agosto. Las mujeres empezaban a tomar conciencia de sus limitaciones y, sobre todo, de sus posibilidades. El concepto de la pareja sufría modificaciones radicales, debilitándose poco a poco la teoría milenaria de la dominación de un sexo por el otro. Una visión más igualitaria, una tolerancia inteligente iban forjándose a tropezones con la vida diaria. El respeto a la diferencia, a la deslumbrante variedad humana, iban imponiendo subrepticiamente una reevaluación de los modos de convivencia. Los prejuicios que acompañaban los postulados básicos de mi educación años-cincuenta comenzaron a tambalearse. En aquella época de comunas y matrimonios abiertos, de liberación femenina y *gay*, las nociones patriarcales de autoridad e identidad iban cediendo espacio a las nociones más colectivas de solidaridad y diversidad.

A los experimentos vitales que, con humor e irreverencia, hacíamos juntos los estudiantes, se añadía la influencia de unos libros muy importantes. Estas lecturas y las discusiones que sobre ellas teníamos entre compañeros se ocuparon de darles otro machetazo implacable a los prejuicios disfrazados de verdades universales que nos había impuesto el pasado.

La selección oficial de libros que formaban el programa de estudios podría criticarse, desde una perspectiva más integral de la educación, por su obsesión occidentalista. La Casa de Estudios benitista tenía los socos firmemente enclavados en Europa. La producción cultural de Asia, África y América Latina se ignoraba casi por completo, no entraba ni por la puerta de servicio en la conformación de los ideales éticos y estéticos que pretendían comunicarnos nuestros maestros. Pero esos libros tuvieron el mérito apreciable de ponerme a dudar de cualquier afirmación categórica y totalizante. Freud, Dante, Platón, Baudelaire, Shakespeare, Cervantes y un interminable desfile de escritores y pensadores que integran el fondo cultural común de la humanidad comenzaron a subvertir, en el más auténtico sentido de la palabra, mi manera de ver la vida y de estar en el mundo.

Y aquí tengo que dedicarle una mención especial a la literatura puertorriqueña. Durante mis años en el colegio, yo sólo había leído de nuestros autores aquellos inevitables "clásicos" asignados en los cursos de español, que habían pasado por el filtro represivo del Departamento de Instrucción Pública y el colador anti-erótico de las monjas. Y confieso que no me habían apasionado demasiado. Al llegar a la universidad, y por recomendaciones de amigos más entendidos, cayeron entre mis ávidas garras los Cuatro Jinetes del Apocalipsis (René Marqués, Emilio Díaz Valcárcel, Pedro Juan Soto y José Luis González), la poesía de Palés Matos y Julia de Burgos y los libros de quien tenía fama de ser, en aquella época, el profesor subversivo *par excellence*, Manuel Maldonado Denis.

Anteriormente, yo ni siquiera me había planteado la cuestión de nuestra situación colonial. Lo único que sabía de política eran los Tres Misterios de Fe del pensamiento electoral puertorriqueño: 1. que ser independentista era pecado mortal, 2. que sin los americanos nos íbamos a morir de hambre y 3. que para llegar al cielo había que poner una sola cruz debajo del bigote de Muñoz Marín. A partir del momento en que entré en las aguas hondas de nuestro *to be or not to be*, comprendí lo perverso de una educación primaria y secundaria que producían aquel estado de falsa inocencia basada, no en la ingenuidad o la pureza, sino en el más craso desconocimiento de las realidades de nuestra patria.

Al cabo de todo este proceso, se fue incubando un gran cambio, se fue creando una especie de segunda naturaleza que podríamos nombrar, a falta de un término más simpático, la hiper-conciencia universitaria. Cosa que no resulta nada fácil explicar. La mentada hiper-conciencia podría ser algo así como un estado de alerta permanente contra la mentira (y muy en especial, contra las que nos decimos a nosotros mismos, que son probablemente las más difíciles de detectar), una declaración de guerra a todo dogma que no sea el del respeto a la vida y la dignidad humana. Trae como consecuencia la decisión de no hipotecarle a nadie la libertad de pensamiento. Y lleva, idealmente, a un sentido de participación y pertenencia, a una complicidad humanista que conecta íntimamente la inteligencia con la sensibilidad. Esta nueva actitud ante la vida podría dar, a mi juicio, el producto más fino y más elaborado de la universidad: un ser humano que sepa pensar críticamente por sí mismo y que pueda sentir solidariamente por los demás.

Pero tiene sus riesgos. Porque, una vez adquirida, la hiperconciencia asalta en los momentos más imprevistos y le roba a uno de un zarpazo la tranquilidad. Como cuando uno alza el brazo alegremente para echarse un chorro de desodorante de *spray* en el sobaco y, de repente, se acuerda de la capa de ozono y los efectos ecológicos que tan inofensiva y cotidiana acción podrían tener sobre el futuro de nuestros pobres nietos. O cuando uno prende un cigarrillo a escondidas en la oscuridad protectora del cine y, sin aviso previo, se le aparecen en la pantalla de la computadora mental las malditas estadísticas del cáncer del pulmón. O cuando nos estamos papiando un rico *hamburger* en el *McDonald's* y vienen a dañarnos la cabeza las imágenes horribles de la hambruna de Etiopía. Y es una vaina, porque uno empieza a buscarle la quinta pata al gato y a querer mirar con el tercer ojo y a relacionar los mensajes subliminales de ciertos anuncios comerciales televisados con la violencia doméstica y ese gallo de marijuana que te ofrecen en un "pari" con la explotación del Tercer Mundo y el Cartel de Medellín y a darle casco al último video abolicionista de Madonna y a sospechar por qué rayos fue que a Michael Jackson le dio con operarse la nariz y blanquearse el pellejo... Y todo esto tiene que desembocar en la vida diaria, tiene que transformarle a uno hasta la intimidad. Porque si no afectara, si no se le metiera a uno en las entretelas del mismísimo corazón, entonces la tal hiper-conciencia no sería más que un formidable auto-teatro, una mera pose intelectual.

Lo malo del asuntito es que no es reversible. Condena para siempre a la lucidez. Y no tiene más que una sola velocidad, el *overdrive*. Pero, por suerte, sin un buen sentido del humor tampoco funciona. Porque, si no, sería de una pedantería paranoica insoportable, una versión *snob* del estrés existencial.

No hay que creer que esto es como lo del diploma, que se lo dan a uno nada más que por asomar la careta dos o tres veces en semana y devolverle íntegro el *cassette* al profe en la odiosa libretita azul. Alguna gente pasa por la universidad como si con ellos no fuera, con un condón mental que no le da *break* a ningún contagio positivo. Gente para quien la cultura es simplemente una acumulación de datos ahorrados con el propósito estratégico de deslumbrar o dominar. Ay bendito, si supieran lo que dijo aquel famoso escritor francés, aquello de que la cultura es lo que queda después que uno lo ha olvidado todo (y debe de ser verdad porque yo ya ni me acuerdo de quién rayos lo dijo...). La verdadera cultura tiene que ver con la hiper-conciencia, ese arrebato natural que viene a alborotarnos el casco para que desafiemos la noción panzona, chancletera y control-remoto de la felicidad.

Nilita Vientós Gastón, quien a pesar de su ateísmo confeso se acaba de mudar hace algún tiempo para el cielo, dijo en pocas palabras algo que yo quisiera recordar aquí: "No se vive para ser feliz, se vive para aprender". A Nilita le encantaba discrepar y voy a darme el soberano lujo de discrepar de ella. Yo diría más bien que el aprender no nos impide, no debe impedirnos ser felices, que nos propone más bien otra manera de conseguirlo, otro camino para llegar allí. Aunque el verdadero aprendizaje siempre resulta algo molesto, algo incomodante, no está, no puede estar reñido con nuestro bienestar. La hiper-conciencia universitaria nos obliga a reformular, a reinventar esa palabra, a buscarle un sentido más hondo, más nuevo, más generoso y más sabroso, a la felicidad.

Queridos prepas: gracias por regalarme todos los años este baño rejuvenecedor. Sale más barato que las cremas y es menos arriesgado que la cirugía plástica. Por ustedes es que yo, como tantos profesores que llegamos aquí en los setenta con los ojos brillosos y los brazos cargados de proyectos para cambiar la vida, sigo entrando en el círculo mágico de este recinto cada mes de agosto. Me gusta hacerlo por el puente de la calle Brumbaugh. Desde allí se divisa, entre las palmas, el perfil de una torre siempre atenta al vuelo libre y juguetón de las mariposas.

Lección inaugural del Bachillerato en Estudios Generales, 18 de agosto de 1989, Universidad de Puerto Rico, Recinto de Río Piedras.

46

Placeres urbanos

I Envío

Con Robert Villanua y Carmen Lugo Filippi, esos dos ángeles sin alas que me acompañan en todo trance de la vida, tengo largas discusiones sobre las bondades y maldades de vivir "en la losa", léase el municipio capitalino. Ellos —etéreos seres de las cumbres vaporosas— prefieren, naturalmente, el campo. Yo, engendro santurcino de padres emigrados de "la isla", defiendo con uñas y dientes la ciudad. Las veces que, a instancias de ambos, he abandonado mi guarida riopedrense para pasar unos días en solemne comunión con la naturaleza, he tenido que hacer gala de una paciencia ejemplar. No les niego que los primeros dos días sucumbo al embrujo pastoral de montes y quebradas. Es más, hasta llego a sentir los efectos psicológicos de una cierta renovación pulmonar. Pero ya al tercero comienza a insinuarse en mi espíritu la serpiente tentadora de la civilización. Mientras mis compañeros se entregan al éxtasis bucólico, ostentando un vasto saber botánico y desmayándose de admiración ante la más insignificante hoja seca que cruja bajo su aventurero pie, yo trato en vano de reprimir los bostezos y los ardientes deseos de regresar inmediatamente o antes al polvo y el asfalto, al bullicio y al ajetreo de la capital. Y aunque —lo confieso— con mis Virgilios campestres he aprendido cosas tan fundamentales como a distinguir el cilantrillo del perejil y la flor del tulipán africano de la del flamboyán, cada vez que vuelvo de una de esas excursiones "tierra adentro", me asalta la alegría inefable de estar en la ciudad.

49

II Vuelo de reconocimiento

La alegría va en aumento según nos vamos acercando a los límites urbanos. Y muy especialmente si la llegada es de noche y se pasa brutalmente de las tinieblas de las carreteras interiores al resplandor opulento del área metropolitana. ¿No es fascinante pasearse por esas calles sedientas de brea que van cubriéndose de sombras inquietas cuando se enciende el alumbrado general? Y, ¿qué me dicen de esa luna llena sentada en el centro del cielo, con una ocasional nube negra enviudándole la cara, al mismísimo final de una avenida? Si a eso le añadimos una lloviznita sesgada de *film noir* con las luces de los carros formando trémulos arcoiris en los charcos aceitosos de las cunetas, entonces el espectáculo es un regalo de los dioses citadinos. Desde la protección acondicionada del carro —seguro puesto y ventanas apretadas— la estética nocturna de la urbe se deja contemplar.

Hay, por supuesto, sitios más imponentes que otros. Pienso en la belleza perfecta y evidente del Viejo San Juan. O en el barco majestuoso del Hotel Normandie que, al fondo de la curva, con Moineau al timón, nos embiste de proa. ¿Y habrá algo comparable al paisaje que se aprecia desde el puente que une a la isleta con la isla grande? Atrás queda mi bienamado Santurce, con sus dos espinas dorsales paralelas; al frente, la súbita, la deslumbrante irrupción del mar. Y a un lado, la laguna del Condado, con su guardia de edificios altos y delgados, esperando plácida otra canción de Sylvia Rexach.

No vayan a creer que la ciudad sólo ejerce su dudosa seducción amparada en el disimulo de la noche. Cada momento del día tiene su encanto, su luz particular. Para un amanecer urbano *comme il faut*, favor de personarse, por ejemplo, en el Escambrón como a las seis de la mañana, cuando empiezan a llegar grupos de yogueadores, nadadores y meditadores que inician el día con un bautismo de agua salada y un ritualista saludo al sol. Los mayores de 60 tienen su propio ballet acuático. A medida que se va acercando la hora cero de los empleados de oficina, la arena vuelve a despoblarse hasta la próxima tanda: la de las amas de casa con los niños que aún no padecen la represión domesticadora de la escuela.

San Juan es la única capital caribeña favorecida por kilómetros y kilómetros de excelentes playas que van desde la vieja ciudad amurallada hasta la selva tropical de Piñones. Y hubiera podido ser la más bella entre las bellas si no se hubiera cometido el imperdonable disparate de permitir la construcción del interminable muro de hoteles que nos separa del mar. Aun así, las olas se nos aparecen, insólitas, entre los edificios apiñados, salpicando de sorpresas ecológicas nuestra mirada melancólica.

Para apreciar a cabalidad la catarata solar de la mañana metropolitana, se necesitaría la colaboración de ese cielo azul añil que sólo se consigue en diciembre. Pero no hay por qué afligirse: los cielos nublados del Caribe tampoco le quedan mal. La resolana del sol preso va aumentando el volumen hasta que el mediodía estalla de intensidad reprimida. Mejor aún si hay bruma o ese polvo del Sahara que nos hace de vez en cuando la visita. Un *show* para tirárselo preferiblemente desde la Boca del Morro o las alturas capitolinas de Bajamar. El paso de un velero a lo lejos sería el toquecito clave. Barcazas petroleras abstenerse, por amor a la humanidad.

La tarde, excusen el chauvinismo de barrio, es propiedad exclusiva de Santurce. A las tres en punto, el irresistible olor a café Yaucono de la parada 18 convida a merienda. Como a las cuatro y media, cuando el tapón da tiempo y pretexto para espacearse, el Caño de Martín Peña se nos cuadra en frente desde los cristales opacos del metrobús. Los coqueteos de la luz con el agua, su chillón chorreteo por los techos de zinc, se combinan con el perfume apabullante de los manglares para afilarle los sentidos embotados por el silletazo de ocho horas diarias a cualquier funcionario aborrecido. A las cinco, sobre los caserones que aún sobreviven a nuestra locura planificadora en viejas calles santurcinas como la del Parque o la Villamil, esos rayos oblicuos provocan al pasado, retocándole la pátina de antigüedad. Las fachadas *Art Deco* despintadas, en las esquinas de la Ponce de León resucitan hermosísimas bajo el aura crepuscular de las seis y media. Entre el espesor de sus árboles milagrosamente sobrevividos, la De Diego de la 22 anochece antes de tiempo.

A la entrada de Hato Rey, las vidrieras elegantes de los bancos multiplican el incendio solar. Cae sin avisar la noche. El brilloteo febril de un país que vive de espaldas a la crisis energética vuelve a reinar. Los guiños eléctricos de los condominios acomplejan a las estrellas. Las dos soberbias medias lunas de El Monte no esperan más que un descuido de la avenida Hostos para volverse a juntar.

Desde alguna terraza de Río Piedras, alguien escruta el reloj detenido de la Universidad de Puerto Rico. Un avión, suspendido entre las nubes, va camino al aeropuerto. El humo siniestro del vertedero, dispersador de excesos gastronómicos, sube como un tornado gris en la inmensidad, tajeada de repente por un reflector o tal vez un relámpago. Las nubes se agolpan amenazantes sobre los señoriales palacetes venidos a menos de Santa Rita. Si fuera domingo, el chubasco inesperado coincidiría con la llegada alborotosa de los pupilos que regresan de sus pueblos cargados de paquetes. Echen un último vistazo, exhalen profundo. Esa exasperante fragancia de alcantarillas pronto habrá de ceder —por unas horas, al menos— al aroma de pan fresco que invade dulcemente, de madrugada, la bicentenaria Villa del Roble, hoy *ghetto* malfamado de la capital.

II   Elogio del lugar común

Aquí se supone que entren todos ustedes a recordarme, con mil ejemplos, los incontables males de la "urbanidad". La contaminación que nos envenena. La omnipresente criminalidad. El ritmo desbocado de la vida. La fábrica de estrés y angustia existencial. La orgía sonora de los decibeles... Y es cierto, absolutamente cierto. Lejos de mí el vano empeño de querer exonerar a esta siniestra ciudad. Yo también soy su víctima inocente. Pero hay en ella una energía cruda, una corriente de electricidad biológica sin la cual sentiría que me falta un ingrediente vital.

Me gusta, por ejemplo, zambullirme de vez en cuando en ese gran río humano que fluye, impetuoso y rugiente, por los cauces de calles como la Loíza de Santurce y la De Diego de Río Piedras. Me encanta formar parte de la AURAMA (Asociación de Usuarios Resignados de la AMA). Los que están condenados a viajar en carro privado todo el tiempo se pierden esa insustituible dimensión de la vida cotidiana que es el abordar una guagua pública. La gente que se conoce, las confesiones que se hacen, los chistes que se oyen, las experiencias que se acuñan, todo esto justifica —bueno, dulcifica...— la tortura inenarrable de esperar sin esperanza. Mi alma de peatona empedernida sueña con el milagro prometido del tren urbano y a la vez teme la reducción del tiempo colectivo, que es el mejor regalo de la transportación estatal.

Sí, un tiempo colectivo, un tiempo y un espacio de reunión, lo mismo que tendía a desaparecer con el desprestigio de las plazas de pueblo y que hoy revive en los pasillos de esa Catedral del Consumo que es Plaza las Américas. Ahí están los viejitos —perdón, envejecientes— bastón en mano, sentados en los bancos que se alínean frente a las tiendas, entregados al *hobby* obligatorio de los retirados: ver pasar. Por ahí vienen los jóvenes emperifollados, luciendo sus más acabosos hierros, dando pómulo a todo jender, dedicados al pasatiempo favorito de los adolescentes: dejarse ver. Cuando logro sobreponerme a mi innegable vocación casera para salir en pos de algún objeto que me necesite y entro sin transición en ese universo de cristal y luces, me siento desgarrada por dos emociones trágicamente conflictivas: un horror claustrofóbico que me da ganas de salir corriendo y la curiosa intuición de que, en aquel templo materialista de las más caras fantasías, *algo* está pasando entre toda esa gente que, ciega y sordamente, se ha venido a buscar.

Lo mismo siento, aunque con significativas variantes, en las cafeterías de los hospitales. El desfile de clases sociales, profesiones y físicos diversos es sencillamente deslumbrante. En este caso, como en el de las funerarias, existe un denominador lúgubremente igualitario: son antesalas de la tumba. Quizás a eso se deba la intensidad de las relaciones que allí se tejen y destejen. Me fascina encontrarme de visita en un hospital a la hora del cambio de turno. La fuerza bullanguera desplegada en el meneo pizpireto y la cháchara bocona de esas mujeres tan necesarias como mal pagadas que son las enfermeras, constituye un testimonio palpitante de vida, una anulación temporera del dolor.

Otro de mis lugares favoritos es el Supermercado Pueblo de la De Diego, el que permanece abierto 24 horas al día. Poder ir de compras a las dos de la mañana y toparse, a esa única hora, con un grupo de amigos que ha venido a recoger los camarones del asopao para seguir el rumbón hasta el amanezca, es un adelanto de las Navidades. He ahí quizás la explicación del éxito de ese bembé colmadero en una isla tan dada a la parranda y el amanecimiento. Siempre que entro ahí a horas inéditas de la vida, experimento una profunda sensación de libertad, seguida de un agudo complejo de culpa tan pronto como me acuerdo de los pobres empleados, forzados a prolongarnos las horas de consumo a costa de sus horas de sueño. Lo que no me impide en absoluto meditar sobre lo chévere que sería que las librerías abrieran hasta muy tarde, como en Buenos Aires, e hicieran tertulias y presentaciones de libros a las cuatro de la mañana, hora perfecta para insomnes, noctámbulos y delincuentes intelectuales que regresan de la calle San Sebastián.

Del supermercado me voy para los cines, principal destino —después de los restaurantes tipo *Ponderosa* y *Sizzler*— de los citadinos jóvenes. Los círculos culturosos solían una vez darse cita en el nunca muy ponderado y hoy desaparecido Cinearte. El rito de compartir las tinieblas cómplices de la sala, mientras uno se entrega a la voluntaria enajenación de una buena película y el mantequilloso gustazo de un *pop-corn* remojado en *Diet Pepsi*, siempre se impondrá sobre el de la sosa y solitaria televisión. Por los cines de barrio guardo un afecto especial que data probablemente de la época en que representaban la principal salida de emergencia para nuestro reprimido erotismo generacional. Insértese aquí un suspiro nostálgico en honor al Matienzo, el *New Broadway*, el *Paradise*, el *New Victoria* y tantas otras salas difuntas que se llevaron consigo nuestros recuerdos.

El tema de los cines, evidentemente, nos lleva al de los clubes de video, esas bibliotecas de la posmodernidad. El genio que invente un sistema de clasificación tipo *Dewey* para los *videocassettes* habrá de comérsela antropófagamente. Pero también nos quitará el placer de preguntarle a aquel que está parado al lado nuestro, embelesado en la lectura de un resumen que no entiende porque es en inglés: ¿Y ésta, qué tú crees, se podrá ver?

No pretenderé agotar de un babazo el inventario de sitios que les sirven de ágora a los habitantes de San Juan. Los restaurantes son renglón aparte. Sobre discotecas y clubes nocturnos se podría eternamente disertar. Trajearse para ir a Bellas Artes tiene ciertamente su atractivo, si uno logra sobrevivir la fila de entrada de la sala Paoli sin caerse de los tacos ni sucumbir al mareo producido por los reflejos marmóreos del *cachet* cultural. Y ¡cómo olvidar la inevitable peregrinación dominical en carro (tapón incluido en el *package*) por la avenida Ashford o la llamada "vuelta del pendejo", entrando por la calle de San Francisco y bajando por Fortaleza hasta la Plaza Colón! De vez en cuando surgen actividades que nos obligan a emigrar fuera de los límites capitalinos, como aquellas inolvidables caravanas para espiar al evasivo cometa Halley en la autopista de San Juan a Ponce, bajo la sombra anacrónicamente protectora del Monumento al Jíbaro Puertorriqueño. Pero es sobre todo en las entrañas de la urbe donde la gente se apropia apasionadamente la noción de comunidad, inventando infinitos y siempre nuevos trucos para engañar a la soledad.

Por todo esto y tanto más, queridos Robert y Carmen, me quedo con la algarabía y el eterno vaivén de la capital. Los postes de la luz afean el paisaje. Las alarmas nos espantan el sueño. Los limpiavidrios nos joroban en las intersecciones. El tránsito está mortal. Nos roban hasta las gomas en las luces. La sinusitis no perdona. Los apagones nos dañan las neveras. El agua no se puede beber. El miedo nos encierra entre rejas. Y como si fuera poco, los siquiatras están bien caros. Pero la vida no sería vida sin ese espasmo gozoso que brinda la burundanga social, ese *continuum* de esperanza que pasa, clandestino y seguro, por el tierno corazón de mi dura ciudad.

Nota al calce para los testarudos

Si la nostalgia del campo aún los estrangula, siempre podrán celebrar su cumpleaños en el Jardín Botánico de la Estación Experimental.

En: *Diálogo*, febrero de 1989.

Ojo al vivo

Un profesor guadalupeño de visita en Puerto Rico comentaba, admirado ante la enredadera de rejas que cubre nuestro más mínimo orificio arquitectónico, lo bien que aquí se trabaja el hierro. Su entusiasmo de turista romanticón atribuía ese opresivo encerramiento urbano nada menos que a la estética tradicional andaluza de nuestra herencia cultural hispánica. De primera intención y por no hacer añicos sus ilusiones, preferí proteger su inocencia y mi cordura con una sonrisita entre resignada y socarrona. Más adelante, sin embargo, no me quedó más remedio que iniciarlo en la paranoia galopante de la cotidianidad boricua.

El cursillo en técnicas de sobrevivencia comenzó con un recorrido visual por el mapa de la capital. Muy pedagógicamente iba yo identificando, para consumo de mi huésped, los puntos más calientes de la ciudad: la legendaria parada 15, el túnel del Cementerio Viejo de San Juan, la temible encrucijada de Baldorioty y Providencia, el terminal de guaguas de Río Piedras... Algo turbado por la interminable lista y la abundancia de detalles truculentos que la acompañaba, el guadalupeño me pidió que mejor le señalara los lugares por donde sí podría pasearse con plena seguridad. Me fue bastante difícil hacerle entender que la palabra "seguridad" figura como arcaísmo en el Diccionario de la Surreal Academia Puertorriqueña. Y hasta se me echó a reír en la cara, achacando mis prudentes observaciones a un incorregible exceso de *humour noir*.

Para justificarme un poco y librarme de la sospecha de morbosidad crónica, le mostré por la ventana de mi sala las medidas de protección que habían incorporado los residentes de casas y edificios vecinos: muros y verjas, cadenas y candados, *dobermans* y *pitbulls*, sofisticados sistemas de alarma y esa versión moderna del puente levadizo medieval que es el portón electrónico. En eso y como para darme un inesperado voto de confianza, pasaron, en un Ford bastante destartalado, dos *Rangers* con sendos *walkie-talkies* al hombro. Mientras yo procedía a diagnosticar —con todo y sabihondas referencias a Fanon— nuestro crítico estado de insurgencia civil, mi pobre amigo murmuraba incrédulo: Ni que estuviéramos en Colombia...

Qué tempranito empiezan a trabajar aquí, me dijo Pierre al día siguiente durante el desayuno. Y ante mi gesto de sorpresa, explicó: Desde las tres de la madrugada estuve oyendo las sirenas de las fábricas. Tuve entonces que hablarle de la serenata de alarmas de carro que nos regalan, con más frecuencia de lo que quisiéramos, las noches metropolitanas. Eso también es andaluz, añadí con cierta malevolencia. Inmune a mis ironías, se levantó de lo más campante y al rato, lo oí cantando una *biguinne* en creol bajo la ducha.

Por fin reapareció, muy elegante con su camisa de motivos africanos y sus pantalones de impecable corte francés. Una cartera colgaba coqueta de su hombro. ¿Qué llevas ahí?, pregunté con mal disimulada suspicacia. La cámara nueva que compré en San Juan, contestó no sin cierto orgullo consumista. Mira, muchacho, deja eso aquí que te la van a tumbar, le advertí sobresaltada, prometiendo conseguirle fabulosas tarjetas postales como premio de consolación. ¿Ah, sí?, me miró sonriente, y ¿dónde diablos voy a meter los dólares, el pasaporte, el pasaje y los *travelers*? Reponiéndome a duras penas del derrame cerebral que me produjeron sus ingenuas palabras, le recité de memoria unos cuantos extractos del *Catecismo turístico abreviado*:

1. Meter las tarjetas de crédito en el ruedo parcialmente descosido del pantalón.

2. Repartir el dinero por los falsos bolsillos estratégicamente pegados al interior de la camisa.

3. Planchar bien el pasaporte e introducirlo cuidadosamente entre el zapato y la planta del pie.

4. Atacuñar el pasaje debajo del colchón o guardarlo en una bolsa plástica dentro de la nevera (preferiblemente entre los pasteles almacenados en el *freezer*).

De más está decir que desatendió todas mis súplicas. Ya en la puerta, hice un último intento y le recordé los dos preceptos básicos del *Manual de entradas y salidas domésticas*: cerciorarse de que no haya moros en la costa antes de abrir puertas, rejas y portones; hacer lo propio al regreso, entrando siempre en reversa para evitar indeseables encuentros de cualquier tipo. Entonces, se montó, demasiado lentamente para mi gusto, en el carro alquilado que había parqueado frente a la casa. Sólo para calmar mis gritos insistentes, puso de mala gana el seguro. Me quedé mirando hasta que desapareció calle abajo y noté, con creciente histeria, que llevaba las cuatro ventanas totalmente ABIERTAS.

A eso de las seis de la tarde, sentí el carro y salí a recibirlo. He pasado un día maravilloso, confesó radiante Pierre, asestándome, a la francesa, un beso en cada cachete. Nos sentamos a la mesa y mientras nos despachábamos una olla de sancocho criollo, me hizo un rápido recuento de sus aventuras en la jungla boricua.

Conducir un carro en Puerto Rico es mucho más agradable que en Guadalupe, soltó, pillando con el tenedor un pedazo testarudo de ñame. Me extrañaría, dije yo, echando a un lado una hoja flotante de culantro. Sí, sí, insistía Pierre, sacudiendo enfáticamente la cabeza, porque acá las leyes son mucho menos represivas: los pares son opcionales, se puede tocar *klaxon* a todo lo que da, uno tiene la posibilidad de frenar en el mismo medio de la carretera si ve algo que le interesa... ¡Allá, esos gendarmes franceses no te dejan pasar ni una!

Yo masticaba en silencio y agrandaba los ojos por encima de la cuchara. Pero, ajeno a mi turbulencia ocular, Pierre seguía cantando las alabanzas de la Isla del Espanto: ¡Qué cortesía, qué comunicación! La gente conversa constantemente de carro a carro sin distinciones de raza, clase o sexo. Y en los cruces hasta te limpian el parabrisas... ¿se trata de un servicio municipal? Muchísima gente me pidió pon pero, como me habías dicho tantas cosas malas, no monté nada más que a dos...

Por poco me atraganto con un bollito de plátano, lo que afortunadamente me impidió preguntarle a dónde carajo lo habían llevado. No había manera de salvarlo. Todo le parecía original y exótico. El tamaño de la zona metropolitana lo tenía alucinado y hasta los tapones encontraba simpáticos. Lo único que faltaba era que, confundiendo los hospitalillos de tecatos con dispensarios médicos, se deshiciera en alabanzas al Departamento de Salud Pública.

De pronto, miró el reloj, se levantó y anunció jubiloso: Bueno, nos vemos, las muchachas que llevé esta tarde me dieron cita en la placita de Barrio Obrero. ¡Esta noche toca Andy Montañez!

Cuando pude salir de mi parálisis general para correrle detrás y abrir la boca para gritarle que ni por nada ni nadie en este mundo traidor o el otro se le ocurriera detenerse en las luces rojas, ya había arrancado chillando gomas.

La luna isleña infiltró su sonrisa dislocada de cuarto menguante entre las rejas del balcón. Y una voz ronca y seca que de momento se convirtió en silueta ordenó fríamente:

—Abra el portón y no grite, que no le va a pasar nada..

En: *Claridad*, octubre de 1990.

60

Un deseo llamado tranvía

¡Piedad! ¡Apaguen ese neón inmisericorde! ¡Quiten ese dichoso disco de Menudo! ¡Llévense ya el dichoso *sandwich* de bacalao con queso *roquefort*! Me rindo, ustedes ganan, he aquí mi confesión:

Sí, soy peatona, no guío, nunca he guiado y, al paso que voy, jamás habrá una palanca de cambios en mi mano derecha. Soy uno de esos anti-seres que no pueden pagar con cheques en las tiendas por no poseer la identidad definitiva que otorga la licencia de conductor; una de esas batatudas criaturas que deambulan a pata por las imposibles avenidas de esta ciudad, desplanificada seguramente por algún ciego neurótico. Mi existencia se consume entre paradas, en exasperantes silletazos que han tatuado de arrugas el paisaje lunar de mis nalgas. Las canas echadas en los aproximadamente diez años (cálculo conservador) que he pasado velando la curvita, con el insensato anhelo de ver aparecer por fin el lomo descascarado de esa guagua que no llega, coronan ahora como guajanas mongas mi decadente melena taína.

No me vayan a malentender, por favor, no me estoy lamentando. La pérdida de mi juventud y belleza es sólo un insignificante ítem en la larga lista de daños y perjuicios causados a la clase peatonal puertorriqueña por la Autoridad Metropolitana de Autobuses. ¿Se han detenido ustedes a pensar, por casualidad, en las catastróficas consecuencias de cada demora de guagua sobre las vidas diarias de los usuarios? ¡Cuántos limazos conyugales! ¡Cuántos empleos perdidos!

61

¡Cuántos amores frustrados! ¡Cuántos helados derretidos! Para las víctimas de la transportación pública, todo es incierto y precario. La espera beckettiana de la guagua fundamenta históricamente y hasta reivindica uno de nuestros más arraigados Valores Nacionales: la impuntualidad.

¿Y qué decir de las torturas chinas (y aquí sí que se justifica el adjetivo) sobrevividas en las entrañas del evasivo Gusano de Lata cuando finalmente se digna a llegar? Las sísmicas sacudidas, los volcánicos sofocones, los impúdicos pellizcos, los olímpicos empujones... forzosa gimnasia diaria que habrá de desembocar fatalmente algún día en hipertensión y arritmia cardíaca. Sin mencionar —pudor obliga— el embate séptico de los olores ni las malsanas emociones cortesía del asaltante visitante o el exhibicionista de turno.

Andar a pie tampoco resuelve. La ausencia de árboles de sombra convierte cada caminata en épico cruce del desierto de Gobi. El dramático desgaste de la capa de ozono y la incidencia alarmante del cáncer de la piel no son pensamientos para consolar a nadie. A las inclemencias del clima se añaden el piropeo a quemarropa y el asedio incesante de los tecatos metidos a mendigos. Las legiones de carros que invaden desfachatadamente las aceras nos lanzan sin remedio a las calles, donde quedamos a la merced y el capricho de la anarquía automovilística o la ofensiva condescendencia del machismo sobre ruedas.

Mientras tanto, somos blanco de todo tipo de burlas por parte de la clase motorizada, en la que militan algunos de nuestros mejores amigos. ¿Que tú no guías? Nena, qué atraso. ¡Una mujer tan liberada como tú! O, en el peor de los casos: Niña, ponte a bregar con esa fobia, eso lo que manda es ayuda profesional... Cuando osamos pedir pon tímidamente para alguna diligencia inaplazable, hay que chuparse entonces las caras largas de los que odian desviarse un bloque por hacer un favor o el brillo perverso en los ojos del que nos ofrece unas clasecitas de parqueo en Piñones o la cantaleta de indirectas que empieza con aquello de: Mira, mi vecina está vendiendo un Toyotita de lo más mono... y termina con lo cara que se está poniendo la gasolina, maldita sea la abuela de Saddam Hussein.

Entonces es que a uno le entra la santa nostalgia de las grandes ciudades donde reina gloriosa la dictadura del peatonado. Allí, el no tener carro es casi motivo de orgullo, un privilegio que permite evitar la agonía del estacionamiento y el infierno de los tapones. La práctica generalizada del caminar es inclusive vista como una conquista ecológica, una sabia contribución a la calidad de la vida urbana, una hazaña heroica en la guerra contra la contaminación. Y los transeúntes tienen su merecida recompensa: un bajón de por lo menos veinte puntos en la escala inexorable del colesterol. Esos ciudadanos, naturalmente, pueden contar con la eficacia de una transportación pública que facilita la cotidianidad, que no conspira absurdamente contra el tiempo, la energía y la salud mental. La presencia de una gran cantidad de personas en la calle a toda hora los hace sentirse menos solos, más protegidos por el tibio abrazo de la ciudad.

Bájate de esa nube, mija, que estamos en Carrópolis, me gritarán ustedes, hastiados de tan empalagoso interludio sentimental. Y es innegable que aquí se impone la choferocracia, que la posesión de un auto es un acto simbólico, ilusión de poder, mitología del "espacio igual". No obstante, con todo y el desastre de la transportación colectiva, las amenazas de la carretera ponen a rezar hasta a un ateo. No es para menos, con lo tétrico del panorama: más de 200,000 adictos y/o alcohólicos al volante, las calles hechas pistas para los desquites del estrés social, más carros robados que gente desempleada, lo que ciertamente no es poco decir. Amén de los pasajeros involuntarios que se cogen en las luces para esa trillita tan particular.... No, gracias, déjenme en la esquina, que mientras la suela aguante, prefiero seguir a pie.

Hace unos meses que aletea en mi atribulado pecho una frágil esperanza. Los titulares de un conocido rotativo han anunciado la posibilidad de un tren para conectar los centros urbanos de la zona metropolitana. De primera intención, no he querido entusiasmarme demasiado. Ante mis ojos mustios, ya han desfilado la alucinación del Acua–Expreso y el espejismo fugaz del Metrobús. Pero la exaltación que ha producido en mí esa nueva zanahoria asomada a mi jaula de coneja hambrienta fue tal que me entregué sin reservas al delirio de imaginar un San Juan para caballeros (y damas) andantes, una ciudad que respondiera a los deseos de los que caminan su cuerpo distendido sin más pretensiones que la de llegar.

Mientras más me adentraba en la fantasía, más probable se me hacía, más paradójicamente real. Me vi atravesando las lagunas santurcinas (donde no flotaban *pampers* sucios) en un inmaculado vagón (donde nadie fumaba) que, con la velocidad del batimóvil, me transportaba en un abrir y cerrar de ojos al lugar de mi preferencia. Arrellanada en la cómoda butaca de cuero (que ninguna cuchilla había desgarrado todavía), disfrutaba el paisaje (crepuscular, por cierto) e iba descubriendo los nombres de las nuevas estaciones que relampagueaban ante mis ojos: Alto del Cabro, Plaza del Mercado, Bellas Artes, Último *Trolley*, Parque Central... La melodía de los rieles servía de música de fondo a esa experiencia mística, estremeciendo hasta el tuétano mi alma peatonal.

Por eso fue que ustedes me encontraron allí, en el terminal de Covadonga, a las tres de la mañana, haciendo mi turno diligentemente para ser la primera en abordar. Ni por nada del mundo puedo perderme esa primera vuelta, ese paseo inaugural que me devolverá mi *standing* citadino, mi dignidad humana y, por encima de todo, mi libertad.

Secándose las lágrimas de cocodrilo, el Sargento miró fijamente a sus dos ayudantes y ladró sin pestañear:

—Suelten a esa pobre loca, dénle una peseta pa la guagua y váyanse a descansar.

En: *Claridad,* diciembre de 1990.

¿Dónde rayos queda el Golfo Pérsico?

(Noticias de la Guerra Chica)

Alerta general

Veteranos de Vietnam: coloquen las pastillas sobre las mesitas de noche. Políticos: repasen el manual "Las cien mejores excusas para justificar la guerra". Nostálgicos de los sesenta: saquen del *closet* los mahones remendados con signos de la paz. Ahí vamos otra vez. Algún tajo hay que dar para poder seguir cobrando el chequecito. Ciertas canciones de Daniel Santos jamás pasarán de moda.

Operación Gorgojo: testimonio de una sobreviviente

De nada me había servido la experiencia del huracán Hugo. Optimista hasta el final, había ignorado las constantes súplicas de mi familia para que fuera volando a abastecernos antes de que no quedara ni una latita de salchichas Savoy. Pese a las apocalípticas advertencias de DACO, había subestimado la psicosis furiosa que la más remota posibilidad de escasez de alimentos es capaz de desatar en el más civilizado de los puertorriqueños.

Cuando por fin y contra todo análisis racional, decidí darle pecho al asunto, escogí la hora de las dos de la madrugada de un discreto jueves para personarme sigilosamente en el supermercado Pueblo de la parada 22. Primer error táctico: a todo el mundo se le había ocurrido la misma idea. Ya no quedaban carritos disponibles y los clientes esperaban como guaraguaos al acecho que se vaciara alguno para precipitarse

65

sin disimulo alguno sobre él. En las cajas, el tapón era peor que un fin de mes lluvioso en la carretera número dos a las cinco de la tarde.

Las góndolas de salsa de tomate, habichuelas, cornbif, ravioli y atún enlatados, lucían obscenamente desvestidas. A empujones me abría paso entre la salvajada para tratar de agarrar, con suma dificultad, los "artículos de primera necesidad". Iba, defendiendo un equilibrio precario, con los brazos cargados de leche en polvo, galletas Rovira, aceite de oliva *light*, baterías, fósforos y velas. Por alguna razón, me sentía bastante ridícula. Menos mal que siempre aparece por ahí algún huracán, me repetía, intentando en vano justificar aquella excursión nocturna al intestino de lo absurdo.

De pronto, una voz sepulcral anunció con urgencia por el altoparlante: Damas y caballeros, la gerencia del supermercado les informa que la existencia de arroz... El barullo histérico que en el acto se levantó no dejó escuchar el resto del mensaje. Como un solo hombre se lanzó la multitud hacia la tierra prometida. Para no quedarme atrás, seguí la corriente de aquel río crecido y cuando, ahogada casi entre dos señores engabanados que intercambiaban insultos por encima de mi inocente cabeza, quise dar marcha atrás para escapar, mi imprudencia me valió un codazo acuchillador de costillas. Me vi obligada, pues, a permanecer en el tumulto, recibiendo empujones y sacudidas por todos los flancos.

A la vuelta de la próxima esquina, desde el trono del codiciado grano, nos llegaban los gritos y las malas palabras, acompañados por la resonante percusión de puñetazos y bofetadas. —¿Te los vas a llevar tos, so esmayao? —gritaba a mis espaldas uno de los señores engabanados. —¡Ojalá y se te amogolle, canto de abusador! —secundaba una señora desde el frente ante la imposibilidad de secuestrar uno de los sacos que todavía descansaban tentadoramente, uno sobre el otro, en la góndola.

Con mi proyecto de abastecimiento frustrado y casi convertido en motín, no tenía ahora más que un solo deseo: huir a toda prisa de aquel infierno gastronómico para asilarme en el dulce refugio de mi hogar. El ancestral miedo al hambre era, sin lugar a dudas, un mal menor comparado con la posibilidad de la muerte por asfixia.

Aprovechando una providencial apertura entre dos cuerpos, me abalancé, sin pensarlo dos veces, hacia la salida. Al llegar, sofocada y exhausta, a la fila que se extendía desde la caja como un inmenso rabo de dinosaurio, sentí sobre la cabeza y el cuello, los primeros picotazos de lo que pronto fue un aguacero de proyectiles. Solté de inmediato todo lo que traía en las manos y corrí como pude en dirección a la puerta. Allí, no pude evitar voltearme para contemplar la insólita alfombra de granitos blancos que cubría ahora, como después de una boda, el piso entero.

—Repetimos: —dijo entonces cordialmente el altoparlante— las existencias de arroz son suficientes y no tendremos, por el momento, que limitar el número de bolsas por cliente... Repetimos...

Rompiendo el *rating*: la nueva miniserie de aventuras

¡Cállense, carajo, no griten más que me estoy quedando sordo! Bendito, Belén, acaba de acostar a esos condenaos muchachos, que no me dejan ver televisión tranquilo. Ave María, qué boqueta tienen, coño, salieron a la misma mai. Pérate, pérate un momentito que esto está bien bueno... Ven acá, mamita, no te lo pierdas, mira pallá... ¡Parecen fuegos artificiales! ¡FUAQUITI! ¡Así mismo, cojan, pa que gocen! ¡ACÁNGANA! ¡Chúpense ésa en lo que les mondo la otra! Ténse quietos, bendito sea Dios... Que no, que no les voy a poner a *Miami Vice* na, no joroben más. Ese televisor lo compré yo y aquí siempre se ha visto lo que a ustedes y a su mai les ha dao la gana... ¡AHÍ VA ESO! ¡Me cago en na, qué duros estamos! ¡ECHA PABAJO! Ni los postes de la luz van a quedar. ¡ATUQUI! Mamita, anda, tráeme una cervecita que tengo esa garganta pelá. ¡Sálganse, sálganse del medio, carajo, que no veo! Belén, acuéstalos, mija, que hace rato que están pasaos. Gracias, mamita, mmmmm... qué friíta está, aaaah.... ¡AHORA ES QUE VAMOS! Mira, Yunito, mira, ese gordo fofo del bigotazo, ése es el malo. Uy, se ve sospechosito, jum, medio loca debe ser con tanto trapo y tanto turbante encima..... Aaaaaaaah, qué fallo líder. Ahora vienen los comemierdas españoles con el babazo. Echa pacá el control remoto ese pa poner a CNN... Mamita, esto va pa largo... ¿Por qué no mandamos a buscar una pizza, ah? Pídete la especial, con tos los hierros...

(Dos horas y siete cervezas más tarde, con los niños acostados y la pizza digerida.)

Mami, ¿te me estás durmiendo? Vente aquí conmigo, no seas mala... La cosa está medio floja, hace rato que no pasa na bueno. Dame un masajito en la espalda, que estoy esmolío. Aaaaaaaaaah, qué chévere... Tú sí sabes, ¿ah?... Pa las próximas Navidades, el *jacuzzi* va porque va.... Aaaaah... Pérate, pérate, suelta, echa pallá, ¿Qué rayos es eso? ¿Qué carajo fue lo que pasó ahí? ¿Por qué esa gente tiene esas máscaras puestas? Cállate, cállate, déjame oír... ¡SEA LA MADRE DE LOS JODÍOS ARABES ESOS! ¡Le han mandao a los judíos con bombas de gases envenenaos!

(Desde el cuarto, con la voz enronquecida por el sueño, uno de los nenes chilla):

—Papiiiiii, ¿quién está ganando?

(En el silencio de la sala, los mira fijamente el ojo ciego del televisor.)

Monólogo crepuscular en el muelle de Punta Santiago

Aquí, bajo ese cielo, frente a ese mar, nadie diría que hay guerra en el mundo. Con la caña tendida y las manos atentas al paso secreto de los peces, el viejo pescador está ahí, como todos los días. Una pareja de novios agradece, abrazada, la acuarela del cielo. Todo es calma y belleza en esta hora. Las miradas se pierden y se encuentran sobre el agua.

Allá, donde la arena encubre milenaria los ríos clandestinos del petróleo, nadie espera tranquilo la caída del sol. Redondas las espaldas, pegadas las cabezas, hombres, mujeres, niños se acurrucan en sus agujeros. La noche traerá el fuego que baja de los cielos, el trueno que ensordece y mata. Los ojos rezarán todos la misma oración: ojalá que la luz nunca se apague.

Los novios acercan sus labios. El pescador se incorpora, presintiendo la mordida. La canción del mar pretende adormecerme. Pero el dolor del mundo ya ha roto este silencio. Los dedos de la noche están bajando y un pájaro de presa atraviesa el pecho rojo del sol.

Mañana se llevan a mi hermano.

En: *Claridad*, enero de 1991.

Ciudadano dios

En este fin de siglo turbulento, la intervención de lo religioso en la vida civil llega a veces a extremos insoportables. La manía de las dichosas invocaciones, por ejemplo, parece haberse posesionado de todos los organizadores de actividades públicas. En cuanta juntilla de condómines, reunión de padres y maestros o asamblea sindical se celebra por ahí, póngale el sello: hay siempre alguien que se levanta para anunciar, con los ojos en blanco y el tono predicador, que el reverendo tal o el padre mascual habrá de dirigirse "brevemente" a la concurrencia. Y, antes de que podamos reaccionar frente a ese karatazo a la conciencia laica, nos tienen bajando la cabeza y poniendo cara de santurrones en lo que alguien le atribuye por adelantado el propósito y el resultado de los trabajos humanos a la voluntad de un lejano e indiferente dios.

En honor a la verdad, debo mencionar la excepción que confirma la regla. La única invocación (fuera de las espiritistas) que me ha gustado en la vida fue aquella que hizo el padre William Loperena hace tres años ante los vecinos de Río Piedras en el ya difunto cine *Paradise*. Recuerdo que habíamos citado a los candidatos a la alcaldía de San Juan con el fin de escuchar sus planes para la tan mentada rehabilitación de la Ciudad Universitaria. Cuando Loperena caminó hacia el micrófono, suspiré mentalmente: aquí viene otra monserga insufrible. Para mi gratísima sorpresa, tuvo la originalidad de emplazar muy enérgicamente al Ser Supremo. Con mucha

71

cortesía, lo invitó a bajar de su *penthouse* celestial y brindar sugerencias para bregar con el alcantarillado, el alumbrado, la congestión de tránsito, la criminalidad y tantos otros males crónicos de la comunidad riopedrense.

Esa visión de un dios comprometido con la Urbe, dotado de responsabilidades y derechos ciudadanos, me pareció sumamente refrescante. El catecismo católico nos había machacado a saciedad aquello de que habíamos sido hechos "a imagen y semejanza". Partiendo de esa premisa y tomando en cuenta la consabida perfección —omnipresencia, omnisciencia y omnipotencia— del Divo de Divos, la brecha entre el Creador y sus criaturas resultaba demasiado acomplejante. ¿No era mejor imaginarse al tal Dios como uno más de nosotros, un fulano preocupado por nuestros problemas más cotidianos que podía ocupar, junto a nosotros, cualquiera de las maltratadas butacas del *Paradise*?

Aunque albergo en mi ecléctico subconsciente todo tipo de intuiciones mágicas, nunca he brillado por mi religiosidad. Una cierta rebeldía o un cierto pudor me impidieron desde niña comulgar con la idea de un Señor Feudal de los Cielos que tiene entre sus poderosas manos algo así como un Plan Quinquenal para nuestras vidas. Criada en la cultura del "si Dios quiere", con su obligado corolario del "gracias a Dios", mamé en el biberón esa noción fatalista de una existencia humana teledirigida por Providencia, Inc. La manipulación, aunque sea divina, jamás ha gozado de mi simpatía. Peor me parece aún la dudosa ética del lambeojismo celestial, al que nos vemos reducidos los terrícolas cuando ansiamos arrancarle uno que otro favorcito al Jefe. Para ello, no basta con hincarse, ponerse cilicios y darse tremendos burrunazos en el pecho. Hay también que dominar la retórica aduladora y parasitaria de los cortesanos. Si existe en realidad un ser superior, reza mi monólogo de arcángela caída, no puede ser tan vanidoso y tan creído como para esperar que se le toque órgano y se le queme incienso cada vez que uno se encuentre en apuros. Por el contrario, tendría que ser una entidad inteligentísima, con un excelente detector de hipocresías y muy poco respeto por los achichingles comesantos que se la pasan brillándole los callos a las estatuas en las iglesias.

A pesar de estos arranques de lucidez que terminaron por alejarme de los templos, seguía recayendo en el conformismo aprendido cada vez que enfrentaba una crisis. Como ya se sabe, no es ningún guansén vivir sin la fórmula milagrosa del "en Tus manos los pongo". La apuesta del listo de Pascal (si Dios no existe, nada se pierde con creer; pero si existe, al no creer lo podríamos perder todo) me tentaba con su oportunismo filosófico, aquello de que para ir a la segura había que cubrir todas las bases. Sartre, por otra parte, recomendaba relegar a segundo plano el asunto de nuestros orígenes ontológicos hasta el momento de cruzar el túnel hacia el Otro Mundo. Entre dejar que la existencia precediera a la esencia y murmurar padrenuestros clandestinos con los dedos cruzados por si acaso, yo seguía cabalgando sobre mis contradicciones y padeciendo del mismo picor. Ese tejemeneje intelectual me llevó a la conclusión siguiente, que me ha permitido más o menos salir a flote en lo que se averigua la verdad: lo importante no es el *porqué* sino el *cómo* se vive.

El terrorismo de la culpabilidad fue otra de las majaderías que me hicieron decirles no a las instituciones religiosas. El que se inventó el pecado debe inapelablemente sancocharse en el infierno que también se inventó. El miedo al castigo no es sino la otra cara del lambeojismo celestial. ¿Ser bueno porque facilita la convivencia y permite dormir sin pastillas o porque hay una vista de causa probable en perspectiva? Es la cosa. Y aquí me reafirmo en mi muy personal convicción de que si el Supremo es un tipo chévere (o una tipa, ¡qué sorpresita!, ¿ah?), no puede dejarse cebar el ego por su fanaticada ni darle pase de cortesía para el cielo a los cobardes.

El pecado, dicen, no obstante, algunos *connaisseurs* de los placeres *kinky*, le añade pique al guiso, caballos de fuerza a la adrenalina. Pero, a qué precio, damas y caballeros. ¡De eso viven los psiquiatras y las trabajadoras sociales! Dobleces mentales, estrecheces morales, miserias espirituales.... ¡Y la nobleza genital reducida a la vileza papista de la censura! No, gracias. No es cierto, como decía uno de los *Karamazov*, que todo esté permitido. Pero tampoco, bendito sea Dios, que todo esté prohibido. ¿Y el SIDA, en qué laboratorios secretos de cultos moralistas represivos habrá sido inventado? ¿Quién habrá orquestado el terrorismo de la intimidad? ¡Ampáranos, Santo Salman Rushdie! ¡Sálvenos quien pueda de los bienpensantes ayatolas de Occidente y los Comités de Lectura del *Opus Dei*!

Tras estas digresiones necesarias, regreso nuevamente a la penumbra bienhechora del cine *Paradise*. La invocación de Loperena, aquella noche memorable en que residentes y comerciantes unidos clamaron por la independencia municipal de Río Piedras, me reconcilió de alguna manera con la metafísica. Rota ya la opresión fundamentalista del colegio católico, rebasado ya el materialismo chato de los setenta, se imponía una reformulación actualizada de las relaciones diplomáticas con el Más Allá. Si hay que abrirle la puerta a la posibilidad de una Inteligencia Creadora, entonces prefiero imaginarla así y no con aquella pinta de patriarca autoritario que nos han vendido desde tiempos de Adán y Jeva: un ciudadano dios, usuario del metrobús, miembro honorario de todos los consejos vecinales, enemigo de todas las adicciones (incluyendo la religiosa), ecologista, liberal, democrático, patriota, poeta... un dios modernuco y *avant garde*, loquillo y gufeador, amante de la diferencia... un taco buenagente y perdonador que firma su nombre con minúsculas y no se pone histérico cuando le rompemos sus esquemas.

Cuando atrechamos por la vida con valor, la fe y la esperanza puestas en nuestras propias manos, pensando con el corazón y amando con la cabeza, estamos rezándole a ese dios, alzando la mirada para encontrar la suya y decirle, cara a cara, sin timidez: ¡qué bello eres, te pareces a nosotros!

En: *Claridad*, febrero de 1991.

Saludos saludos, vengo a jorobar

Imposible. Increíble. ¿Alucinaciones paranoides inducidas por el estrés urbano? ¿Efectos secundarios de la crisis cuarentona? ¿Sencilla sobredosis de televisión? No, no es un culto aleluya. Ni un mitin estudiantil. Las fiestas patronales de Río Piedras ya pasaron. Faltan, por suerte, más de dos años para las elecciones... Y sigue el desfile de hipótesis descartables que posponen inútilmente la obvia, la inevitable conclusión. Un jueves 9 de noviembre a las tres de la mañana, exactamente a dos semanas del santísimo San Guibin —comienzo oficial de las Navidades boricuas— he aquí, en todo su escandaloso esplendor, ese asalto a pandereta armada, ese afrentadísimo pasarse por la hondonada glútea el *right to privacy* de nuestro condominado *pursuit of happiness*: ¡UNA PARRANDA!

Eso y no otra cosa es lo que se llama fuerza de cara. Cuesta trabajo, cómo no, aceptar un adelanto sin precedentes que inaugura por lo menos tres meses de intermitentes insomnios y amanecidas. Ni la masacre *pilgrim* del pavo han tenido el recato de esperar para iniciar el gran despojo anual que culminará en enero con la reyada y se irá extinguiendo, como las siete vidas de un gato jaquetón, con las consabidas octavitas. Pero es que este año, si no hubieran existido las Navidades, hubiera habido que inventárselas. Para gritarle un aléjate San Alejo a la catástrofe, para darle pagana sepultura al miedo y exorcizar, a fuerza de pasteles y coquito, el trauma tan reciente del huracán.

Se trata nada menos que de la fiesta nacional más extendida del mundo. El equivalente —en larga duración— de lo que para otros países caribeños representa el carnaval. Es como una explosión gozosa de todas las tensiones que nos asedian —vaya el simbolismo— durante los nueve meses precedentes. Carencias, neuras, soledades, mal de amores y celos pasmados parecen coger unas vacacioncitas temporeras y darnos la ilusión de un respiro.

El espacio del carnaval es la calle y allí, bajo el clandestinaje de las máscaras y los disfraces, se desborda la furia de los instintos reprimidos por la vida en sociedad. El jolgorio navideño criollo procede inversamente: de afuera para adentro. Se toman las casas por asalto, se hacen estallar las barreras de la intimidad. El movimiento es, sobre todo, de apertura; el gesto, de desarmante disponibilidad. Se abren puertas, rejas y neveras. Se interrumpe el sueño, bastión inexpugnable de la individualidad. Lo colectivo tiraniza, lo personal se pliega. Se restauran la hospitalidad y la confianza, virtudes puertorriqueñas por excelencia que promueve Turismo junto a las playas y el ron. Tregua de hostilidades, licencia a la alegría, las Navidades rescatan brevemente el precario equilibrio mental de un pueblo asustado por su propia violencia.

Aquí, sin embargo, no hay máscara que valga. Contrariamente al carnaval, la transgresión navideña de la domesticidad es desnuda y caripelá. Con el retorno a los placeres esenciales —comer, beber, bailar, compartir— regresa también por sus fueros, como un fantasma rebelde que se niega a desaparecer, lo autóctono. La cazuela y el arroz con dulce auspician el viaje sentimental a la infancia. Evocando nuestro ya lejano pasado campesino, la música típica impone su recia autoridad. Bajo el barniz progresista y americanizante, el espíritu puertorriqueño anda prófugo y haciendo de las suyas por tres meses. Y nos emocionamos hasta el ñu cantando el aguinaldo que estuvo todo el año pacientemente escondido en la memoria, esperando el momento oportuno para afincar una vez más su presencia ancestral.

Muy conmovedor, ¿no les parece? Las Navidades como resuelve psicológico de nuestras contradicciones y válvula de escape para la siempre encañonada puertorriqueñidad. Pero estas reflexiones tan, ejem, profundas no nos economizan el sufrimiento de la indecisión que nos tritura sin piedad cuando se escuchan, de repente, bajo nuestra ventana, las primeras estridencias del concierto de trastes de cocina que ni el ronroneo de cien aires acondicionados en *high cool* puede tapar. Dios mío, la tercera parranda de la noche. ¿Habrá vida después de las Navidades?

Uno podría, evidentemente hacerse el muerto en lo que pasa la ejecución. Para eso siempre están, si se tiene habilidad dramática y pocos escrúpulos, las excusas a *posteriori*: Ay bendito, a Papá le cayeron mal los pasteles de jueyes con lerenes en escabeche y hubo que salir volando para el hospital en un taxi porque el carro de aquí —¿lo vieron en el garaje?— estaba esvielao... Los huérfanos de padre y madre, en cambio, podrían alegar con una sonrisita bobalicona que cayeron como palo después del atracón de pepitas de pana: Chico, en esta casa todo el mundo tiene un sueño pesadísimo, imagínate que la noche de Hugo no sentimos absolutamente nada y cuando nos vinimos a despertar no quedaba en pie ni una sola ventana...

Pero la persona que gaguea y se pone colorada al meter el más inofensivo paquete no tiene, por supuesto, esa salida airosa y se enfrenta a un dilema de envergadura. Con los ojos exorbitados y la frisa hasta el cuello a pesar del calor, yace en su cama *king-size*, combatiendo el impulso fatal que lleva su mano hacia la lámpara de la mesita de noche, anticipando el nefasto estribillo que habrá de celebrar estrepitosamente semejante huevazo estratégico: Prendiste la luz, metiste la pata... ¿Abrir o no abrir? He ahí el pugilato.

Abrir y ver entrar a esa trulla multitudinaria, enfangadora de pisos recién encerados, graznando a voz en cuello: Hace media hora que estamos aquí y no nos han dado ni un palo de anís y amenazando con llorar si no les dan de beber. No abrir y seguir chupándose por horas y horas, como en una interminable pesadilla, la descarga de cornetas de Año Viejo y latas de Coca-Cola, salpicada de malas palabras y puntuada por una salve de petardos, que nos pondrá para siempre en la lista negra de los vecinos. Abrir y sufrir el embate de esa ola ciclónica de colaos y cacheteros que arrasarán con las últimas reservas de papitas y doritos, se beberán hasta el pote de agua oxigenada que hay en el botiquín y se eternizarán en la sala, remeneándose al ritmo del Conjunto Quisqueya (con Tavín Pumarejo) hasta que el anfitrión cuelgue los guantes y, en un arranque de resignación final, les ofrezca el inevitable asopao de camarones con tostones. No abrir y caer en la impía lengua de las amistades, criar fama de maceta y malafé o, peor todavía, ser objeto de una sádica revancha popular que podría incluir desde la clásica sesión de zapateo flamenco en el techo ya sembrado de filtraciones hasta la aromática montaña de abono orgánico frente al portón electrónico de la marquesina. Si atrecho por la jungla, me almuerza el león. Si me tiro al río, me merienda el caimán.

¿Y si uno los dejara entrar pero con algo así como un contrato probatorio? Miren, gente, pasen padentro, pero ni se les ocurra abrir la boca porque el vecino mío es veterano de Vietnam y se pone malo cuando hay revolú, la última vez tuvo que venir hasta la Guardia de Choque, así es que calladitos, ¿saben? Y a repartir bozales se ha dicho.

No hay nada como La Solución Final para cortar de cuajo una parranda, si se tiene verdadero espíritu de sacrificio, si se ha nacido para carne de cañón: Bueno, ¿pa dónde vamos después? Yo estoy loca por seguir de rolinpín pa donde sea.... Y la papa caliente pasa elegantemente a otra sartén. Para freírse con uno en el mismo aceite.

¡Conque generosidad y rito colectivo! ¡Conque respeto patriótico a la tradición! No es lo mismo gritar parranda que verla venir. Toda costumbre, por más venerada, tiene siempre algo de forzado, de amable asignación. Para la sensibilidad neurótica promedio, las Navidades son el chantaje folclórico que permite la invasión del *bunker* personal. Y aunque resta el consuelo de que no duran todo el año, ¡TRES MESES SON TRES MESES!

Pero no crean. Aquel jueves 9 de noviembre a las tres de la mañana, a dos semanas justas de San Guibin, cuando mi prematura parranda se me presentó, me levanté como cualquier hija de Borinquen. Abrí de par en par las puertas del balcón. Puse todo lo que tenía sobre la mesa. Bostecé par de veces en homenaje nostálgico al sueño perdido. Y en esa libertad dulcemente infringida, de vuelta de huracanes y otros males caribeños, canté con mis amigos hasta que amaneció.

En: *El Nuevo Día*, 24 de diciembre de 1989.

Sálvese quien pueda:
la censura tiene auto

I Ritos iniciáticos

Mi verdadero encuentro con la literatura puertorriqueña ocurrió a mediados de la década de los sesenta. Hasta esa fecha, los textos nacionales no eran más que obligatorios tostones que nos atragantábamos a regañadientes por falta de unos buenos *Cliff Notes* criollos. Pero un buen día, como dicen los cuentos de hadas, una de mis tías arroyanas a quien afectuosamente llamábamos "La Bruja" por sus frecuentes comunicaciones con el Más Allá, olvidó en la sala de mi casa un libro cuya portada rota exhibía el exótico nombre de *Usmaíl*. Sin ocurrírseme que bien pudiera tratarse de un manual destinado a los empleados del correo federal y movida por la morbosa curiosidad de todo fanático de la literatura detectivesca, me precipité sobre aquella novela de Pedro Juan Soto con la esperanza de encontrar allí una suculenta ración de pus y sangre. Y *Usmaíl* no me defraudó. Pus y sangre no era lo que faltaba en aquel *Derecho de Nacer* boricua, especie de telenovela politizada que me hundió sin remedio en el gran pozo-muro nacional de la Crisis de Identidad.

Recuerdo también que, para esa época de la *Pax* Muñoz Marín, un estudiantado apasionado le entregaba banderas puertorriqueñas a René Marqués en cada estreno de sus obras mientras los gritos de "¡Viva Puerto Rico libre!" estremecían las viejas paredes del Teatro Tapia. Escribir para el teatro me pareció entonces la más fascinante de las ocupaciones. Con los ojos aguados, presenciaba el sentido tributo que se le rendía al autor de *La Carreta* y los aleteos prematuros de una vocación literaria me hacían cosquillas en el plexo solar. Pero aún estaba yo bien lejos de haber asumido el peso de la tradición literaria que constituye la agonía y el éxtasis de todo escritor puertorriqueño.

II   Cursillo relámpago de estética mesiánica

Aparentemente, el monopolio del arte es la única parcela que les tocó a los independentistas en la repartición de los panes y los peces muñocistas. Poco productivo desde el punto de vista económico, el oficio de la literatura reviste, en cambio, por su carácter de bastión patriótico, un prestigio cuasi heroico. ¡Heroico es verdaderamente cultivar las Bellas Letras sin esperanza alguna de remuneración, viviendo de un empleo alterno que permite la subsistencia mientras chupa como vampiro anémico el tiempo y la energía disponibles! Quizás ese mismo desamparo económico es lo que paradójicamente le da *cachet* a las voces que claman en el desierto. Sin proponérselo y por el solo hecho de ingresar al Clan de los Profetas Locos, asumiendo la pureza obligada que la precariedad financiera del oficio le regala, el escritor se convierte, a pesar suyo, en la contrafigura moral del político. Su prestigio simbólico le autoriza un fulgurante *ego–trip* cuando se le invita a deponer en foros y conferencias en las principales universidades del país. Por otro lado, ese extraño liderato marginal, esa misma aureola épica de monje guerrero, representan clavos mayores en la cruz que involuntariamente se impone. Ser Conciencia de la Patria Irredenta, Portavoz de la Memoria Colectiva y Mesías de la Cultura en Crisis no es, después de todo, ningún pellizco de ñoco para cualquier hijo de vecino de carne y hueso. Este quijotesco proyecto exigiría, para llevarse a cabo dignamente, una ausencia total de contradicciones, una perfecta síntesis de virtudes, algo así como una vida ejemplar. Además de un pensamiento monolítico y una vigilancia permanente sobre la eterna rebeldía de las palabras, lo que equivale a decir una autocensura a tiempo completo.

Tal es la magnitud del proyecto que podría fácilmente desembocar en un formidable *writers block*. Aun así, la vocación mesiánica pesa sobre los hombros y las cabezas de los escritores boricuas de todas las generaciones. Y es que esa escuela de terapeutas nacionales lleva ya más de un siglo dándonos el buen ejemplo. De Manuel Alonso para abajo, pasando por las generaciones del 30 y el 50 para continuar con la del 70, la literatura nuestra —y esto lo digo sin la menor intención de restar mérito a su calidad— constituye una variación constante sobre el mismo tema obsesivo: la sinfonía de la identidad nacional, con sus dos vertientes melódicas de la lucha anti-imperialista y la lucha de clases. Nuestro subconsciente literario nos dicta tiránicamente el arte poética del "compromiso histórico". Un "Manual Imaginario para el Aspirante a Escritor Puertorriqueño" podría proponer las siguientes reglas:

1. Escoger temas serios y profundos, preferiblemente de tipo histórico, que tengan una total e incuestionable trascendencia y puedan propiciar una reflexión crítica en nuestros ingenuos y desinformados lectores.

2. Evitar, bajo cualquier circunstancia, burlarse de nuestros siempre amenazados Valores Nacionales, cualesquiera que éstos pudieran ser.

3. Mostrar, a la menor provocación, el perfil más favorable posible de nuestro Pueblo-en-lucha.

4. Cultivar con febril esmero los desenlaces optimistas que dejen entrever —a corto plazo— el deslumbrante resplandor de la Gran Aurora Popular.

5. Y sobre todo, mantener contra viento y marea un tono digno y solemne que no deje lugar a dudas en cuanto a la absoluta seriedad de nuestras nobles intenciones.

Esta complejísima teoría literaria se enreda aún más en el caso de una escritora. Por algo ha dicho Roland Barthes que la Mujer Escritora es "una especie zoológica notable". Y si, para colmo, es puertorriqueña, entonces desafía toda posible clasificación científica. Así mismito. Porque, además de Salvar la Patria, Afirmar la Cultura en Crisis y Acelerar el Advenimiento de la Gran Aurora Popular con la mayor originalidad y dentro de la mayor ortodoxia posible, se le pide también que a cada tecleteo de máquina denuncie la Vil Opresión Machista, variante algo *risqué* de la querida lucha de clases. ¡No, si hasta en literatura nos persigue la doble tarea!

III   La censura y su auto

Y se preguntarán muy legítimamente ustedes: ¿pero de qué censura estará hablando ella? ¿Quién carajo obliga a escritoras y escritores puertorriqueños a aceptar tan espartano régimen literario? En nuestro país, Vitrina del Caribe y Puente entre las Américas, ciertamente no existen politburoses ni ministerios de cultura que dicten las pautas de la creación. ¡Lejos de nosotros las autocríticas forzadas y las purgas estalinistas!

Y, sin embargo... ¿quién de nosotros no ha vivido, en algún cara a cara furtivo con la página en blanco, el discreto embate de la autocensura? ¿Cuántas veces no hemos tenido que abandonar repentinamente el trabajo para irnos a dar una santiguada con agua florida y azucenas marinadas o prenderle una vela a San René Marqués para que se nos despegue un rato de la oreja? Y todavía, después de ese despojo necesario, ¿cuántos de nosotros no perseveramos en la búsqueda inconsciente de la Gran Metáfora Definitiva que resuma, contenga y exorcice (sutilmente, por supuesto) el Supertranque Colonial? Miramos hacia *La Charca* o *Los soles truncos* con cierto paternalismo benévolo, reconociéndolos como clásicos bastante panfleteros pero clásicos al fin y pensamos con aire de superioridad mal disimulada que sí, claro, el momento histórico justificaba aquella estética *passé* del realismo social pero que, obviamente, nosotros ya no, *consummatum est* el masoqueo narcisista sobre el *status* y la pobreza, esto aquí ahora es el arte con A mayúscula, la sofisticación literaria en dos patas y toda aquella ingenuidad militantona está definitivamente *out*, ¿*O.K.*? Mientras tanto, el catálogo nacional de los mitos de orígenes sigue enriqueciéndose con imaginativos símbolos totalizantes de la vieja y siempre nueva realidad colonial. Pienso, por ejemplo, en el arquetípico tapón de *La Guaracha del Macho Camacho*, en los alegóricos entierros de Rodríguez Juliá, en la metafórica casa familiar de Magali García Ramis y de toda la narrativa de los setenta... y tantos otros símbolos parafraseantes que han seguido creando a lo *sucu-sumucu* nuestras prolíficas musas mientras nos ufanamos de haber roto triunfalmente la Gran Cadena Ancestral.

Y aquí haré una aclaración para curarme en salud e intentar salvarme de las impías lenguas críticas. Que conste: no estoy bajo ningún concepto diciendo que es malo salir en busca de metáforas totalizantes para explicar nuestra realidad. ¿Qué, si no eso mismo, fue lo que hizo García Márquez en *Cien años de soledad*? Pero no deja de ser significativo que este procedimiento abunde tan espléndidamente en nuestras letras en ese endémico volvernos hacia nosotros mismos para mordernos la cola. Y créanme que si me permito tirar este peñón es porque mi apartamento también tiene *sun-roof*. Archivadas en mis bolsillos llevo par de metaforillas de las mentadas. ¿Se acuerdan del barquito de *Encancaranublado*?

No, si no se salva nadie. No en balde comentó el crítico argentino Noé Jitrik en su reciente visita a Puerto Rico que nuestra literatura le pareció prisionera de una retórica invocatoria que lleva obligatoriamente a una "tautología de la insularidad". Y buenas razones históricas hay para ello, me dirán ustedes, invocando nuestros padecimientos cinco veces centenarios y lamentando el hecho de que un extranjero ose nombrar la soga en casa del ahorcado. El arte, responde Jitrik, implica una "ruptura necesaria". Nuestra perpetua obsesión política, añade, bien podría causar un divorcio de propósito y resultado que terminara por reducirnos al aguaje. Y aquí, otra cita iluminadora, esta vez del cineasta francés Claude Chabrol. "Hay que desconfiar de los llamados Grandes Temas; son una de las formas más perniciosas y desvigorizantes de la comodidad."

El brillo enceguecedor de la Gran Metáfora Definitiva no es lo único que nos tortura en el momento de la creación. En el auto de la censura hay algo más temible: el terror a caer en desgracia con los pocos lectores que, a duras penas, nos hemos ganado si, por casualidad, tuviéramos la osadía de aventurarnos por otro camino. Y vuelvo a las preguntas retóricas que ya deben tenerlos a ustedes al borde del ronquido salvador: ¿Quién no ha sentido el escozor de la úlcera ancestral de la autocensura por haber experimentado unos vagos deseos de escribir algo así como una novela rosa, un cuento detectivesco o un poema pornográfico *straight* sin agenda política que los redima? ¿Hay remordimiento semejante al que se siente cuando uno le da prioridad a la fantasía sobre la mal llamada realidad y recurre a la historia, no para devolverla en forma de crónica verídica sino para inventarnos, por ejemplo, un nuevo pasado? Con esas cosas no se bromea, nos machacan con semblante compungido padres, maestros y compañeros de partido.

Ojo al vivo: Doña Censura y su auto se presentan a veces de maneras inesperadas, maneras diametralmente opuestas a las inventariadas aquí. Pudiera ocurrir, por ejemplo, que un autor auténticamente inclinado hacia la historia o el realismo social torciera su vocación por aquello de no caer en los moldes tradicionales o por salvar el pellejo de garras de una crítica formalista que lo tildaría quizás de anticuado, de panfletero o —insulto entre los insultos— de costumbrista. Y hay quien, por esas mismas razones, pueda cultivar un experimentalismo voluntariamente complicado y esotérico, cosa de aumentar la dosis de ambigüedad y no pasar por facilón u obvio. Señores: palo si boga y palo si no boga. Tal parece ser el destino de los autores poseídos por los demonios de la autocensura.

IV   En el principio fue el verbo y en el final también

Para concluir, que ya es tiempo, podemos condolernos solidariamente ante la magna tarea enfrentada por hombres y mujeres que escriben en el contexto de una sociedad colonial. Se trata nada más y nada menos que de encontrar eso que los críticos llaman "una voz propia". Nuestra tradición literaria, tan apegada a lo político, confunde a menudo lo individual con lo colectivo hasta tal punto que la escritura se reduce a un acto ritual de reafirmación de las raíces, de consolidación de lazos étnicos y culturales. De ahí, sin duda, la hispanofilia purista que ha desplegado a veces nuestro quehacer literario en su apego a una lengua que se vive como tabla de salvación de nuestro Ser Nacional. De ahí también la fascinación con un vernáculo puertorriqueño que pueda ser recreado artísticamente en la página escrita, proyecto literario esencial de generaciones más recientes. La batalla de la lengua que tan dignamente ocupó a nuestros predecesores está, a mi parecer, ganada. No tenemos que probarle a nadie nuestro derecho al español. Podemos jugar, subvertir, desmitificar, mezclar inglés y español, jerga culta y popular, buenas y malas palabras, multiplicando la saludable irreverencia que se prohibían a sí mismos la gran mayoría de los escritores de pasadas generaciones.

Pero la celebración de la palabra sigue siendo un acto mágico cuyo significado fundamental no ha cambiado nada desde los tiempos primigenios del *Album puertorriqueño*. Por fortuna, la obsesión patriótico-histórica de la literatura boricua, su carácter voluntaria o involuntariamente didáctico, no le han impedido el alcance de una calidad técnica considerable. ¡Oh, milagro! Los conflictos políticos y sociales han constituido, en los mejores casos, piedras angulares sobre las cuales se construyen los edificios artísticos y los aeropuertos hacia la universalidad. Pero cada vez resulta mayor la necesidad de ensanchar el espacio de la forma y la expresión propiamente individual. Porque cada vez hay más conciencia de que, en la medida en que escribamos mejor, reafirmaremos sin proponérnoslo la cultura y salvaremos en algún sentido la patria.

Quisiera terminar con unas palabras de un escritor americano que respeto y admiro mucho, Raymond Chandler. Dijo sabiamente Chandler en una de esas cartas suyas que encerraban siempre agudos comentarios sobre la literatura y la vida: "No importa un carajo [el malhablado es Chandler] el tema que pueda tratar una novela. La única ficción de valor en cualquier época es la que hace magia con las palabras. Amén."

En: *El Mundo*, 18 de diciembre de 1988.

De bípeda desplumada a Escritora Puertorriqueña

(Con E y P machúsculas)

I De arrepentimientos y firmes propósitos de enmienda

Una sobredosis casi letal de foros, conferencias, artículos, entrevistas y celebraciones tipo 8-de-marzo-en-el-*ghetto* me habían decidido. Juré solemnemente, la mano trémula en *El segundo sexo* de Simone de Beauvoir, no volver a participar jamás en actividades dedicadas única y exclusivamente a la cantaleta llorona de las mujeres. Quería evitar las celdas conventuales de la automarginación, el *Lamento borincano* de las "minorías". Sin refugio nuclear posible, sufría la lluvia ácida de las interrogaciones retóricas: ¿Por qué no van a preguntarles a los escritores hombres lo que piensan del aborto, el incesto, la infidelidad o el divorcio? ¿Por qué a nadie se les ocurre ponerse a retratarlos con sus cuatro hijos en el parque? ¿Por qué no se escriben artículos eruditos sobre las repercusiones literarias de la testosterona en las obras de Borges y García Márquez? ¿Por qué no se celebran congresos internacionales para determinar si existe o no un lenguaje prepuciano en la literatura escrita por los hombres? En otras palabras, ¿por qué nos joroban tanto con la dichosa "literatura femenina" mientras de la masculina no se dice ni esta boca es de ellos?

La respuesta es tan sencilla que casi acompleja: porque la literatura masculina no existe. Sólo existe la literatura sin apellidos y resulta obvio que se trata, que siempre se ha tratado de un oficio de hombres. Olvídense de que las escritoras hayan aportado algunas de las innovaciones más revolucionarias al quehacer literario universal o de que, hoy día, sus obras estén

91

entre las más leídas del planeta. La literatura se escribe con ele machúscula. Por eso es que hay que hablar de "escritoras mujeres", valga el pleonasmo y ponerle "isas" a las poetas donde bien puedan caberles. El adjetivo "femenina", delicado como un lazo rosado en la cabeza hidrocefálica de la literatura, constituye en sí mismo una denuncia.

Mi atribulado superego me asediaba en defensa hembra a hembra. Ay mísera de ti, ay infelice, ¿cómo osas hablar de "automarginación"? Marginadas estamos desde que el cromañón nos prohibía hacer dibujitos en las paredes de las mejores cavernas. Lo único que ha cambiado es que ahora lo sabemos. Cuando la literatura latinoamericana hizo ¡BUM!, las escritoras estaban ocupadísimas: en la cocina.

Este tiñe y destiñe fue lo que me trajo hasta aquí. Porque no se puede (ni se debe) tapar el sexo con la mano. Porque no es cierto lo que decía el otro día una colega cubana, aquello de que el mar es azul para hombres y mujeres por igual. La realidad desmiente tan democrática pero ingenua concepción. Desde este sexo, el mar se ve a veces bien rojo y hace tiempo que dejó de abrirse en dos para salvarnos de Yul Brynner y sus hordas implacables de soldados egipcios.

Mi juramento quebrado, no me queda entonces más remedio que sangrar alegremente por la herida y meterlos de cabeza en el tortuoso pero no menos glorioso proceso que transforma a una bípeda desplumada en Escritora Puertorriqueña con E y P machúsculas. Que sirvan estas páginas de escapulario a todas las que se hayan quedado a medio emplumar.

II De los temas que nos escogen

Lo primero que debe aprender una bípeda aspirante es que no basta con escribir bien. Digo, si es que se tiene la dicha de saber y la suerte de poder escribir. ¿Quién será esa Mujer Biónica que pueda tirarse ocho horas mal salariadas de oficina, fábrica, hospital o escuela, ocho de labores domésticas y deberes familiares no remunerados, unas cuantas horas de sueño inquieto y todavía recibir en su tiempo libre (¡JA!) la visita inspiradora de las Musas, quienes, dicho sea de paso, no son bobas, acaban de sindicarse y no trabajan noches? Es difícil imaginar cómo puede realizarse tamaña hazaña sin dejar el pellejo en garras del estrés, a menos que se sea soltera y rica. O poseedora de un marido militante del neo-machismo ilustrado post viaje de Lidia Falcón a Puerto Rico.

Pero, aun sin cuarto propio, supongamos que a una pueda darle, de pura maldad, con cambiar el plumero por la pluma. Ay, entonces tendrá que hacerle frente a la cuadruple jornada (doméstica, profesional, política y social) que agobia a la escritora boricua peso-completo. Porque, además de cumplir con las tareas antes señaladas, deberá embestir como el "toro que no muge" contra el Imperio de los Bárbaros Trucutú y romper rodillos por ese quimérico ideal de ideales, la Igualdad Sexual, desenmascarando en todo momento los mil proteicos disfraces del machismo-leninismo.

Escritora y puertorriqueña, tremendo cruce de cables. Leves contradicciones asoman entre una y otra misión evangélica. ¿Y si el machismo resultara ser uno de esos tan proclamados Valores Nacionales que todo escritor criollo debe defender so pena de dejar de serlo? ¿Y si tus personajes masculinos son pobres-puertorriqueños-oprimidos-por-el-imperialismo-yanqui pero a la vez sinvergüenzas opresores de sus pobres-puertorriqueñas-oprimidas-por-el-imperialismo-yanqui mujeres? Sólo saldrá del lío la que sepa bailar salsa en patines sobre la mismísima cuerda floja que tumbó al Gran Wallenda. Si te tiras por lo puro nacional, gritan las hermanas que les haces el juego a los machos. Pero también les invades el terreno, que las diosas te acompañen y te protejan... Si te quedas en lo puro sexual (menos mal que lo sexual nunca es muy puro), los solemnes estudiosos de la literatura patria tildarán tus obras cumbres de chismes de biutiparlor. Como quiera que te pongas, dice el refrán, siempre tienes que llorar.

¿Quién dijo libre albedrío? En este país de cuatro pisos y

medio (el medio piso es para las mujeres, naturalmente), los escritores llevamos todos una alambrada en la cabeza. Y ya ven, estoy a punto de añadir: "producto de cinco siglos de coloniaje"...

III De cómo bandearse entre géneros

Para las escritoras, había una vez géneros lícitos y géneros ilícitos.

Tomemos el caso de la poesía. Se podía ser poetisa sin mayores peligros. La poesía, dicen, es femenina. Versificar sería algo así como bailar ballet o tocar piano. Sobre todo si de tiernas nanas o amores imposibles se trata. En Puerto Rico, hay más poetisas que plátanos. Por eso es que algunas prefieren ser poetas. De éstas parece que hay menos. Por otra parte, un mito editorial asegura que la poesía no se vende. A menos que también seas declamadora profesional o cantante, tu genial poemario podría quedarse para vestir tablilleros.

En la narrativa, sucede todo lo contrario. La novela es cantina de hombres, puente a la difusión internacional. Muchas han intentado transgredir esas machas fronteras para caer de panza en la infinita lista de los *worstsellers*. De ahí que, a cada rato, alguna bípeda atrevida anuncie que va a convertirse en la "primera novelista" puertorriqueña, como si las treinta o más novelistas publicadas de nuestra literarura —desde Ana Roqué hasta Ana María Delgado— no hubieran escrito más que recetas de cocina. Lo cierto es que la gran mayoría de estas narradoras pioneras no figuran ni en los manuales escolares ni en las antologías que reúnen a "los consagrados". ¿Alguien quiere adivinar por qué?

La expropiación femenina de la narrativa puertorriqueña es bastante reciente. Data, en mi opinión, de la publicación del importantísimo *Papeles de Pandora* en 1976. Y es una realidad incontestable que la literatura producida por las escritoras puertorriqueñas ha conocido, en los últimos diez años, un *boom* sin precedentes en nuestra historia. La flagrante exclu-

94

sión de las narradoras que caracterizó a anteriores generaciones literarias es ya cosa del pasado. No hay que ser sociólogo de la literatura para señalar algunos factores que han contribuido al asombroso impacto editorial de estos textos. Una temática centrada en lo cotidiano, anclada en la más viva actualidad del país y elaborada con evidente calidad profesional, atrae a un lectorado que, bajo la influencia de las conquistas ideológicas del movimiento feminista, se identifica entusiastamente con la nueva narrativa.

El cultivo del ensayo ha permitido el acceso de las mujeres a las "altas esferas" del poder literario. Al abordar este género, masculino por excelencia, han podido adelantar ideas "serias" y adoptar posturas públicas, subvirtiendo a la vez, con humor e imaginación, los esquemas discursivos tradicionales.

Las escritoras han dado un certero golpe de estado, echando abajo las fronteras mismas de los géneros. Pregúntenle, si no, a Carmen Lugo Filippi, que agarró la novela rosa y le inyectó varios cc de contenido crítico. O a Rosario Ferré, que plantó bombas en el terreno sagrado del cuento infantil. O a Magali García Ramis, que parodió con gran acierto el ensayo de polémica cultural. Así, con entradas inesperadas y salidas originales, se ha liquidado eficientemente el bloqueo literario que controlaba el acceso a los géneros.

IV De lenguajes y lengüeterías

Las mujeres no hablan así es el título de un poemario de Nemir Matos. Y es el comentario lacónico que le hizo a una escritora recién publicada su cuñado, portavoz indignado de los escrotos de la familia.

Y aquí entramos en otro peliagudísimo tema: el del lenguaje. De acuerdo a los estereotipos reinantes, los hombres adoptan y se atribuyen ciertos tipos de discurso y las mujeres otros. Haciendo las debidas concesiones para las distintas culturas de clase, aceptamos —porque lo vivimos todos los días— que los hombres hablen como les dé la gana, con el perdón de las damas presentes, y las mujeres, qué tipa refranera y malhablá, naturalmente que no. La escritora que trabaja a partir de la oralidad se enfrenta —consciente o inconscientemente— al dilema de asumir uno u otro discurso.

Si optas por quedarte en casa, es decir, por rebuscar en el baúl de abuela a ver qué reliquias falopianas encuentras, a los acordes intimistas de un bolero de Puchi Balseiro, la crítica macha (si se molesta) despacha tu trabajo con frasecitas tipo "fina sensibilidad", "suave lirismo" "cordialidad del tono", con lo cual puedes estar segura de que a nadie le van a dar ganas de leerte. La crítica feminista, por otra parte, te martillará los deditos para que acabes de caerte del bote, denunciando airada la reafirmación de los arquetipos sexistas de la Sirvienta Nupcial y la *Mater Dolorosa* y deplorando la flagrante ausencia de abogadas, médicas y mujeres de negocio en tu modesta obra.

Si, por el contrario, te empaquetas y sales a la calle, adoptando el lenguaje de los hombres para descodificarlo y ensayar el poder, entonces "escribe como hombre", eres "agresiva" "vulgar", "extremista" "machista al revés", de ésas que se meriendan a los nenes crudos. O, desde una perspectiva igualmente viciada, una traidora infiltrada, una víctima recuperada por el sistema.

De cualquier manera, te sentirás incómoda, culpable, transgresora, que ninguno de esos dos mundos dicotómicos te pertenece, que cuando escribes tienes un ojo aquí y otro allá y algunos ojos más. ¿Será, como decía Rosario Ferré, que el escribir es un acto bisexual? Pero a la hora de las vejigas hinchadas, ¿en qué baño te metes?

A veces me pregunto si la obligación de ser feminista en la escritura no corresponde en la vida diaria a la de ser femenina: Niñas, jueguen con sus *Barbies* y junten esas rodillas; escritoras, hablen de lo suyo y escriban como mujeres, si es que siguen empeñadas en escribir.

V De censuras públicas y domésticas

Y aquí rozamos el espinoso caso de las lecturas impuestas por los consumidores de literatura al texto escrito por mujer.

Se sabe que algunos lectores confunden ficción con realidad, vida con obra. Eso no es tan grave. Casi todos los escritores también. Pero, en el caso de una escritora, las consecuencias prácticas de tal confusión no son muy fáciles de vivir. Los ejemplos no escasean.

Cuenta una narradora de cuyo nombre no debo acordarme cómo su madre deposita cada libro que ella publica —tiernamente dedicado "a la autora de mis días"— en un cajón que más parece un ataúd sin fondo. Y de allí no los saca ni pa los guardias, añadiendo al oprobio del secuestro el del silencio. La intimidad del clan familiar prohíbe ese exhibicionismo que es la literatura. Cuenta otra que sus amigos más fieles y respetuosos han comenzado súbitamente a intentar seducirla tras la publicación de su libro, que alguien clasificó XXX. Esta recatada madre de familia se ha convertido en "mujer fácil" en virtud (valga la expresioncita) de una supuesta ninfomanía literaria. Los textos de otra no pudieron ser estudiados en un curso de español porque supuestamente "no eran aptos para estudiantes", esos mismos estudiantes que, en materia de sexualidad, podrían darnos cátedra magistral a escritores, padres y profesores. ¿Quién dijo que la Inquisición ya no?

En foros y conferencias a los que no he tenido más remedio que asistir, yo también he degustado estos dudosos placeres del subdesarrollo. El libro que escribimos Carmen Lugo Filippi y yo —*Vírgenes y mártires*— ha adquirido, para asombro nuestro, una aureola de Biblia Feminista. Las lectoras nos erigen en consejeras matrimoniales, nos exigen un programa político coherente, teoría y práctica liberacionista para la vida diaria. Los lectores, por otro lado, nos atacan a mansalva, preguntándonos con sobredosis de malicia si tenemos "algún problema con los hombres". Han llegado a arrancarnos la confesión de que estamos casadas y tenemos hijos. Así esquivamos la sospecha de lesbianismo con que se quiere despachar toda gestión feminista y también perdemos por lo menos el 30% de nuestro *fan club* nacional.

Habría que medir científicamente los efectos de la publicación femenina en la vida conyugal de las escritoras. Pero ahí hay tela para novela y no me le quiero adelantar a la maquinilla. Baste decir que la profesión legal podría encontrar aquí una nueva causal para el divorcio.

Censura doméstica, temática, genérica, lingüística, pública y privada... todo esto parece una conspiración de alto nivel para que soltemos las plumas y volvamos al plumero. Pero, en realidad, nadie nos impide explícitamente escribir. Esta cacería de brujas se celebra en la santidad de nuestras propias conciencias, atormentadas por una censura hereditaria, por esas fuerzas sociales que se nos cuelan dentro, que definen lo que es ser una Escritora Puertorriqueña con E y P machúsculas.

VI De partos y repartos

Pero la cosa no termina ahí. Ya decíamos que con escribir bien no bastaba. Ahora hay que publicar y para que las editoriales prestigiosas de tu país (que no son legión) se dignen siquiera a darle pupila a tu manuscrito, tienes que sobornar a Marlon Brando para que te acompañe, vestido y maquillado de *Godfather*. Díos mío, un prólogo de algún escritor reconocido, un premio (internacional si posible), algún tipo de *standing* en el mundo académico... o por lo menos suficiente talento dramático como para convencerlos de la comerciabilidad de tu primogénito. Como si fuéramos pocos, parió la abuela, te contestan los editores: no podemos financiar más que el 5% de los manuscritos que recibimos.

Las obras de mujeres que suelen publicar las casas editoras eran mayormente, hasta tiempos muy recientes, cuentos para niños, libros de cocina y, en algunos casos, poesía de poetisas. Aunque la situación ha cambiado bastante, ese mismo argumento podría servir de pasaporte a la publicación: asumes tu condición de oprimida, te prendes al pecho tu Estrella de David y tocas palo.

La mayoría de los escritores puertorriqueños (hombres y mujeres) publican sus libros por cuenta propia, invirtiendo sus pequeños ahorros de maestros de escuela en unos cuantos ejemplares que repartirán entre amigos y parientes e inventando nombres de casas editoras para impresionar a lectores imaginarios. Las editoriales de carne y hueso, a su vez, hacen tiradas de tres mil ejemplares, como máximo, de los textos que admiten a su reino. Cantidad que excluye toda posibilidad de "vivir del cuento", si se toma en cuenta lo escaso de las regalías y la lentitud con que son (cuando son) pagadas. Muchos se consuelan repitiéndose que escriben "por amor al arte", "por satisfacción personal" y "hasta por la Patria". Y se sienten culpables de acariciar de vez en cuando el sueño de ganarse la vida a plumazo limpio.

La crítica es tan exigua como las casas editoras. En nuestro país hay, sin embargo, quienes honran ese ingrato oficio de opinar sobre lo que otros inventan. Hay también pequeñas mafias culturales y ocasionales francotiradores que practican una especie de terrorismo oficial.

La producción literaria femenina es a menudo objeto de un ninguneo un tanto insidioso. Se puede tildar, como lo ha señalado Magali García Ramis, a una novela importante de "novelita" en función estricta del número de páginas o de la postura intimista de la escritura. Se le puede endilgar a una autora hecha y derecha el título vitalicio de "joven narradora", calificándose a perpetuidad sus obras de "prometedoras". Se puede también colocar la totalidad de la obra de una escritora —con o sin razón para ello— bajo la figura tutelar de una influencia masculina, trasladando al plano de la crítica todo el peso de los prejuicios que niegan originalidad o legitimidad a las manifestaciones intelectuales del mal llamado "sexo débil". No es menos cierto que, en su furor reivindicativo, la crítica feminista incurre a veces en el embarazoso error de sobrevalorar todo texto escrito por mujer. ¿Será esta imposibilidad de mantenerse neutral ante la obra femenina una extensión de la antigua Maldición de Eva? Parirás en el dolor, dijo Dios en uno de sus arranques machistas. Y eso, que todavía no contemplaba el que nos atreviéramos a hacer literatura.

Ya esto va pareciendo una antología de extractos del Apocalipsis y no quisiera seguir añadiendo jinetes malparidos. Pero me siento en la maternal obligación de ponerlas en guardia contra un monstrazo que deja pálidos a todos los que hemos visto desfilar hasta el momento: la tokenización.

Cuando, tras haber vencido todos los Peligros de Paulina antes descritos, la bípeda candidata llega al umbral de la Fama con F machúscula, se detiene horrorizada y comprende que aquellas razones que sirvieron para coronarla son las mismas que también hubieran podido momificarla en el más fúnebre de los anonimatos. Total, es sólo una flor de minorías: mujer (aunque seamos mayoría en el planeta, ¿quién carajo se entera?); puertorriqueña (hija de esa colonia cinco veces centenaria que amenaza con ser el vertedero tóxico y nuclear de Occidente); y escritora (oficio, como hemos visto, harto sufrido). Ha cometido el gravísimo desliz de no evitar la consagración en vida. Ha tenido la mala pata de ver su nombre en la lista de los autores menos ignorados por los lectores. Y ahora tendrá que atenerse a las consecuencias: la sacarán del armario cada vez que haya un foro sobre "literatura femenina" en o fuera del país; la retratarán yogueando con su marido en el Parque Central; tendrá que confesar sin tregua lo que opina del aborto, el incesto, la infidelidad y el divorcio; y figurará en las principales antologías de la Falocracia Plumífera internacional, la honrosa excepción que confirma la regla, como quien dice: ¿lo ven, que en Puerto Rico hay de todo? Hasta escritoras...

En: *Fem*, México, marzo de 1985.

100

Nosotros los historicidas

Esto empieza con la inevitable cita inspiradora.

Rememorando su crianza y educación escolar, dice Magali García Ramis, la ilustre autora de *Felices días, Tío Sergio*: "Como nunca me dijeron que teníamos historia ni cultura, yo me siento como si nos hubieran estado engañando. Un poco lo que les pasa a los hijos adoptivos que no les dijeron que sus padres no eran los naturales hasta los cuarenta años."

Como Magali, yo también fui una *baby–boomer* de la posguerra, uno de aquellos cachetones bebés *Carnation* del ELA. En los años cincuenta, década de nuestra escolarización primaria, la Obertura Triunfal de la Operación Manos a la Obra acaparaba los diez primeros lugares del *hit–parade* isleño. Y todo el mundo, mal que bien, la cantaba aunque fuera en *playback*, excepto, claro, los que habían tenido que treparse en "La Tranca" para emigrar a los Niuyores o los que tenían trinca la mandíbula por obra y gracia de la mordaza. Cual bandadas de palomas, los infantes muñocistas marchamos a los acordes de una Borinqueña descafeinada hacia los salones donde seríamos debidamente alfabetizados en el credo de la Gran Familia Puertorriqueña y vacunados contra un virus más temible entonces que hoy día el del Sida: el virus de la disidencia.

Desde el primer grado de escuela elemental hasta el cuarto año de universidad, la única versión de la historia puertorriqueña que escuchamos fue, por supuesto, una totalmente inodora, incolora y aséptica. Aparte del disco rayado de Colón y Ponce de León y la larga letanía de los super aburridos gobernadores españoles, apenas se tocaba otro tema. La vida y milagros de Juan del Pueblo no cualificaba todavía para protagonizar manuales de historia. Y menos aún la de doña Juana. En cuanto a nuestros venerables antepasados multiculturales (léase taínos y africanos) mientras menos se hablara de ellos, mejor. Para no herir sensibilidades ni entrar en cuestiones demasiado polémicas, como el recién reprimido movimiento nacionalista, los cursos se detenían muy prudentemente en el 1898. Y ¿para qué leer un periódico de ayer?, parecían decirnos nuestros maestros con aquel diplomático pero no menos impenetrable silencio. ¡Si lo importante era saber que los americanos habían creado el mundo en siete días (sin descansar el domingo); si la verdadera historia del país había empezado en 1952, D.M. (Después de Muñoz), el año inolvidable del *Big Bang* Popular; si la estábamos protagonizando estelarmente nosotros mismos, los maniquíes gordos y coloraos de la irrompible Vitrina del Caribe!

Por eso, muchos años más tarde, cuando vinimos a descubrir que nos habían condenado a un eterno y anodino presente, que nadie había tenido nunca la decencia de soplarnos que éramos, a pesar de todo, adoptados, nos enfogonamos. Nos dio con oír maullar de noche al gato encerrado. Y, para bien o para mal, nos quedamos con esa eterna manía de querer rescatar, a lo *Indiana Jones*, el Santo Grial de la Historia secuestrado por los infieles, de querer arrancarle al olvido los nombres mágicos e irremplazables de nuestros verdaderos padres.

Así surgió tal vez esa vocación de historiadores frustrados que tortura a algunos escritores de mi generación. Al calor de los destapes setentistas, bajo las influencias capitales de la Revolución Cubana, la Guerra de Vietnam, los movimientos de liberación femenina, negra y *gay* y el entonces nuevo y vigoroso independentismo socialista universitario, el gran vacío histórico de nuestra formación escolar se nos hizo totalmente evidente. Y totalmente insoportable. Porque se trataba casi de una crisis existencial. Nunca antes nos había resultado tan clara la conexión entre lo personal y lo político. Para poder ser gente, para existir como individuos y poder insertarnos en algún punto de la experiencia humana, íbamos a tener que hacer un indispensable vuelo de reconocimiento en la máquina del tiempo, íbamos a tener que convertirnos en detectives aficionados y salir, a como diera lugar, tras la pista del pasado. De un pasado por lo menos revoltoso, si no glorioso; de un pasado un poco más interesante, un poco menos aplastante, en el que figuráramos, aunque fuera como extras, nosotros mismos.

Proyecto muy pretencioso para un escritor, dirán ustedes con toda la razón. Pretensión que debió habernos conducido directamente a las puertas del Departamento de Historia de la Facultad de Humanidades o, por lo menos, al bullanguero *lobby* de Ciencias Sociales. Sin embargo, por alguna misteriosa razón, no fue así. ¿Qué sería lo que nos alejó de tan heroico destino? ¿Sería acaso nuestro amor incondicional del mito, nuestra irremediable adicción al mundo de los sueños o nuestra fiel devoción a la palabrería? ¿O sería el oscuro presentimiento de que para poder conseguir un papelito, aunque fuera secundario, en el guión de la historia, íbamos a tener, tarde o temprano, que inventárnoslo? Admito que, en definitiva, no sé. La cosa es que caímos irremediablemente en garras de la literatura y tuvimos a la larga que canalizar aquella fijación edipal con el *closet*, aquella galopante e insaciable pasión de historia, a través de la ficción.

Pero los caminos siempre se cruzan en algún punto. Por eso, a nadie deben sorprender las obvias coincidencias entre la historiografía y la narrativa puertorriqueñas de hoy. Después de todo, historiadores y escritores hemos vivido unas experiencias formativas similares que, comenzando con la época de la mordaza muñocista, pasando por el sopetazo eléctrico del romerato y culminando durante el *boom* universitario de los setenta, tal vez produjeron en nosotros algo así como un proyecto común. Lo cierto es que los narradores compartimos con los historiadores *bona fide* contemporáneos mucha curiosidad, bastante sospecha y un cierto fervor misionero. Las importantísimas investigaciones de la nueva historiografía puertorriqueña, por otra parte, han nutrido y alentado las nuestras, sirviendo muchas veces de inspiración, fundamento y justificación a nuestras edificaciones imaginarias. Picó, Baralt, Ramos Mattei, Sued Badillo, García, Quintero y tantos otros que es imposible nombrar aquí han abierto ventanas imprescindibles a través de las cuales hemos podido atisbar trocitos del pasado. Han sido, sin proponérselo, nuestros cómplices y colaboradores no sólo en el ansiado remiendo de la memoria rota sino en la reescritura libre y la reinvención traviesa de eso que llaman la Historia Oficial.

El proyecto de recuperación del pasado no es nada muy nuevo en la tradición literaria puertorriqueña. Ese síndrome, que podríamos bautizar, por aquello de buscar algún chivo expiatorio, "La maldición de Pedreira", nos ha perseguido desde los orígenes de las letras criollas y nos sigue jugando hasta el sol de hoy bromas de buen y mal gusto. No obstante, un rasgo esencial parece distinguir el furor historizante de nuestros escritores actuales del de sus predecesores literarios: Y ese rasgo es quizás el de la ironía. Una aguda conciencia del ridículo, que viene del desinflamiento de las pretensiones mesiánicas, la desconfianza de los discursos enlatados y la aceptación de la relatividad de toda perspectiva, informa la nueva gestión narrativa. En lugar de pretender establecer la versión absoluta y definitiva de nuestras realidades pasadas y presentes, tarea didáctica ya un tanto anacrónica, la vocación historiadora del escritor se recicla en una deliberada coquetería con lo ficticio, con lo mítico, con lo subjetivo, con lo pecaminosamente personal. Pienso, por ejemplo, en las novelas y crónicas de Edgardo Rodríguez Juliá, en las parodias históricas de Manuel Ramos Otero, en las exploraciones urbanas de Juan Antonio Ramos, en los testimonios novelados de Rosario

Ferré y Magali García Ramis. Manuel Ramos Otero ha formulado muy incisivamente esta paradoja de lo épico y lo íntimo en su ensayo *Texto y pretexto de la autobiografía*: "Yo estoy entre la ficción y la historia", dice el autor de *Página en blanco y staccato*, "no estoy fuera de ninguna de las dos sino entre ambas y todo lo que he escrito, todo lo que escribo es un intento de atrapar irónicamente la voz de mi liberación". Y es precisamente de su posición intermedia en ese peligroso *ménage à trois* con la ficción y la historia, es precisamente desde una sensibilidad marcada por esa tensión explosiva entre lo real y lo imaginario, que deriva su energía creadora el escritor. Aparente contradicción que amenaza con transformar, como bien ha señalado Sylvia Álvarez Curbelo, la pasión de historia en historicidio.

Escribir podría ser, entonces, ese intento de armar el rompecabezas histórico, no precisamente en los archivos ni en las estadísticas, sino desde la propia biografía del escribiente, a través de los dramas vividos y los cuentos escuchados, en las memorias soñolientas que despiertan las voces y los objetos, en las imágenes del tiempo que cargan sin saberlo las palabras, en los baúles rebozantes de obsesiones de nuestra propia fabulación. Si en el proceso de historiarse a sí mismo se pesca a ciegas alguna verdad objetiva; si por alguna juguetona casualidad en los trazos del cuento o los pliegos de la novela se cuela también un pedazo de la época; si inclusive otros llegan a reclamar para sí ese berenjenal rescatado al olvido que encuadra el texto literario, es precisamente porque ni la ficción ni la historia son objetos ajenos a nuestras ordinarias vidas cotidianas. Estamos, como dice Manuel, pinchados entre las dos. Por eso, la historia que deseamos, que soñamos, que inventamos y falsificamos los escritores puede, de alguna extraña manera, colmar las expectativas de un público tan sediento de epopeya como privado de referencias historiográficas concretas. La literatura se convierte así en la interlocutora privilegiada de ese diálogo de sordos que establece el lector ávido de milagros con su propia verdad.

Habiendo esbozado muy rápidamente unas ideas en torno al proyecto historizante —y a menudo historicida— de nuestra narrativa más reciente, quisiera desplazarme ahora del polo del escritor al del lector. ¿Cómo se reciben estos textos que cabalgan ambiguamente entre la historia y la ficción? ¿Cómo inciden sobre la conciencia del que los consume?

Para poder abordar este peliagudo asunto, voy a tener que zambullirme en el testimonio personal y hacer referencia a un libro que publiqué hace dos años, cuyo título tiene algo que ver con todo lo que he estado diciendo aquí. Siempre he pensado que es imposible teorizar convincentemente sobre la propia obra. Por otra parte, me parece mucho más divertido contar cuentos que dar opiniones. Razones ambas por las cuales voy a endilgarles ahora dos breves anécdotas.

La primera anécdota tiene que ver con el momento de la creación de las *Falsas crónicas del sur*. La segunda, con el de la recepción de la obra por el público lector. Aquí van:

Cuando comenzó a darme vueltas en la cabeza la idea de escribir un libro ambientado en el espacio geográfico, histórico y legendario del sur puertorriqueño, quise acercarme al proyecto con toda la seriedad de una investigadora profesional. Leí innumerables libros y artículos en torno al tema, establecí contacto con especialistas de varias disciplinas, entrevisté a montones de personas, hice incontables viajes en carros públicos, visité cementerios, ruinas de haciendas, villas de pescadores, plazas de pueblos, en fin, hice todo lo posible por ambientarme en la vida y pasión de la región protagonista de mi libro. Y todo eso, por supuesto, me proveyó el telón de fondo necesario para darles cierta credibilidad a los relatos. No obstante, mientras más adelantaba en el proceso, más sentía la presión que ejercía sobre mi imaginación el peso de la realidad histórica y más me veía tentada a alejarme de los datos, a rebelarme contra la tiranía aplastante de lo estrictamente documental. El perfume embriagador de la novela romántica, los aires salitrosos del relato marinero, la picardía de la sátira de costumbres me halaban irresistiblemente hacia el *twilight zone* de lo literario, me susurraban al oído irresistibles incitaciones a la desobediencia civil. El conflicto se agravaba cada vez más ante el hecho inescapable de que yo estaba trabajando con personajes históricos que tenían nombre y apellido, que habían vivido y padecido en carne y hueso y que podían, si me dejaba tentar por los demonios de la literatura, revolcarse en sus tumbas y echarme una póstuma maldición. Amén de que sus descendientes y herederos podían llevar a cabo una venganza mucho más concreta y terrible que la de los muertos.

Un tercer elemento acabó de complicar las cosas: el personal. Siendo Arroyo el pueblo natal de mi madre, cualquier versión de la historia que yo intentara plasmar en la página tendría que pasar por la censura implacable de la familia. Lo que me obligó a curarme en salud infiltrando el adjetivo "falsas", de gratas resonancias palesianas, en el título del libro. Sólo así pude proteger mi amenazado pellejo y mantener alguna (no mucha) cordura. Pero confieso que en un momento dado, allá encerrada en mi cabaña de la playa de Punta Santiago y atormentada por las tres cabezas del monstruo (la historia, la literatura y la autobiografía), por poco me rajo del proyecto y me dedico a pescar cocolías en el muelle viejo de Humacao.

En Arroyo, la yerbatera oficial de la familia me preparó un baño de plantas muy eficiente y tras una sesión espiritista en la que pude entrevistarme con algunos de los muertos profanados para obtener su perdón y hasta su complicidad, seguí pujando resueltamente y terminé por dar a luz. Pienso que esa especie de estado de sitio mental que experimenté a través de todos aquellos meses tuvo unos efectos muy curiosos sobre los textos. Produjo, por ejemplo, unos silencios que, colados a traición entre las palabras, desembocan sigilosamente en la ambigüedad, cosa muy evidente, por ejemplo, en "El Baúl de Miss Florence", el primer relato de la colección. Todo lo que no se dice, todo lo que se deja a merced de la imaginación, el extraño pudor que encierra un relato de posibilidades tan truculentas, tiene su origen seguramente en la presencia de una cierta autocensura que intentaba desesperadamente mantener a raya tanto el control dictatorial de la historia como los excesos de la pasión literaria. Escribir con las manos atadas fue una experiencia a la vez dificilísima y masoquistamente placentera. El posible encanto, si alguno, de ese texto está ligado muy probablemente a la discreción que me impuso aquel mudo, pero no menos violento combate cuerpo a cuerpo entre lo ficticio y lo documental.

Aquí viene ahora la segunda anécdota, en la que se cuenta la revancha inesperada de la autora —con la indispensable complicidad del lector— sobre la referida tiranía de la historia.

Una de las mayores satisfacciones que tuve al publicar el libro fue la entusiasta recepción de la que fue objeto por parte del público en general pero, muy en particular, por parte de los habitantes de la costa sur. Fui invitada a presentar el libro en Ponce, Guayama y Arroyo. A las presentaciones acudieron personas de todas las procedencias y ocupaciones a todo lo largo del litoral caribeño. La gente de Arroyo, especialmente, estaba encantada, infladísima de orgullo regional. Gracias por ponernos en el mapa de la isla, me dijo alguien con esa conmovedora ansia de vedetismo que viven tan intensamente los pueblos pequeños. Por aquello de no decepcionar a mis lectores regionalistas, me reservé diplomáticamente el hecho de haber nacido en la losa santurcina y andaba muy oronda para arriba y para abajo con mi flamante pasaporte sureño.

Pero lo que no me esperaba en absoluto fue la animada discusión que generó el libro en términos de una revisión de la historia local. Y voy a darles un ejemplo elocuente. Samuel Morse, el inventor del telégrafo, quien visitó a su hija Susan en el pueblo de Arroyo en 1858, era hasta la publicación de las *Falsas crónicas del sur*, el incontestable super-héroe arroyano. En la opinión de muchos, si Arroyo existía era porque el venerable sabio americano no sólo había pisado sus costas y reconocido su existencia sino introducido en su seno el telégrafo, instrumento *sine qua non* de la modernidad decimonónica. De hecho, la calle principal de Arroyo, antes bautizada Isabel Segunda, lleva, hasta el sol de hoy, en señal de gratitud eterna, el insigne nombre de Mr. Morse. "El baúl de Miss Florence", relato al que acabo de aludir, enfoca muy directamente la ideología esclavista y decididamente anti-abolicionista del ilustre inventor y su familia. El relato, además, le echa sal y vinagre a la llaga, insistiendo bastante sobre las fechorías del yerno de Morse, Edward Lind, en la famosa y muy opulenta Hacienda Enriqueta, antaño situada en la carretera de Arroyo a Patillas. Algunos lectores de Arroyo, que es un pueblo de fuertísima presencia negra, al enterarse de que su venerado héroe era nada menos que un racista negrero de siete suelas, pusieron el grito en el cielo. De inmediato surgieron propuestas para bajar del trono a Don Sami y poner en su lugar a algún héroe arroyano. El mulato Nicasio Ledée, por ejemplo, líder de la sociedad secreta "La Torre del Viejo", a cuya gloria había dedicado yo otro de los cuentos del libro, lucía como un candidato bastante respetable.

Mientras tanto, al grupo creciente de los detractores de Morse, se oponía el de sus defensores, quienes quemaban incienso ante su busto y dudaban abiertamente de la veracidad de mis fuentes. Estos últimos no tardaron en atravesar con clavos mohosos el corazón de una muñeca negra, confeccionada a mi imagen y semejanza, en castigo por aquel atentado terrorista contra la historia oficial arroyana. Me informan mis contactos clandestinos en Pueblo Ingrato que la guerra civil no ha terminado todavía. Y eso, que en mi relato, como ya les conté, además de embellecer con algo de romance los sucesos históricos, fui extremadamente cautelosa y no dije ni la mitad de lo que había para espepitar en torno a la vida y milagros de la familia Morse-Lind durante su estadía de cuarenta años en Arroyo. Tremendo destape de cucarachero histórico del que no me salvaron aquellos largos meses de estrés y angustiosa autocensura.

Pero hay más. Los arroyanos quisieron demostrarme su cariño nombrándome Gran Mariscal de su carnaval, dicho sea de paso, uno de los más sabrosos y concurridos del país. Acepté con muchísimo gusto y hacia allá me dirigí un domingo de febrero para cumplir con la agradable misión. Aquello fue un recibimiento digno de Dayanara. En una calesa ponceña tirada por brioso y empenachado caballo y con una cinta de terciopelo negro y encaje dorado atravesándome el pecho, tuve que recorrer la calle principal, la del recién desprestigiado Samuel Morse, repartiendo saludos y sonrisas desde Cuatro Calles hasta el templete situado frente a la alcaldía. Ese día pagué todas mis culpas porque el desfile duró más de tres horas bajo el candente e inmisericorde sol del sur.

La calesa tenía que detenerse a cada rato, cosa de darles tiempo a las comparsas que llegaban tarde para que pudieran integrarse a la fila infinita de carrozas que nos seguía. En una parada que hicimos justo antes del puente sobre el río Yaurel, se me acercó de repente una señora para decirme que había leído el libro y que su abuela había vivido en los predios de la mismísima Hacienda Enriqueta de mi cuento en tiempos de Samuel Morse. Yo, que nunca dejo pasar la oportunidad de averiguar algún chisme inédito, le pregunté en seguida si por casualidad su abuela le había descrito la majestuosa casa mayor de la hacienda, de la que nunca, durante mis investigaciones, había logrado yo encontrar una foto. Sí, cómo no, contestó ella con entusiasmo. ¿Y cómo era?, volví a preguntar yo, con la curiosidad saliéndoseme por los poros. Entonces, apretándome la mano, con los ojos húmedos de emoción, dice ella: ¡Pues igualita como usté la pintó! La calesa siguió su rumbo, poniéndole punto final a la conversación. Y la Gran Mariscal quedó debidamente pasmada ante las perturbadoras implicaciones de la respuesta.

Señores, los he cansado con estos cuentos sólo para poder terminar mi monólogo con las siguientes interrogantes perversas: ¿Dónde empieza la literatura y termina la historia? ¿Cómo es que, con todo y el autoincriminante título de "Falsas crónicas", un texto literario puede, sin proponérselo y hasta a pesar suyo, rellenar alguna que otra laguna del ayer? ¿Será que, a pesar de la ironía y el escepticismo generacional, nos sigue persiguiendo "La Maldición de Pedreira"? ¿Será que, como le gustaba recordar a Manuel Ramos Otero, un escritor es un embustero que, al mentir, a veces suelta sin saberlo una verdad? ¿O será que en el país hay cada día más y más hijos que descubren como nosotros, después de viejos, que eran adoptados?

Texto leído en el foro *Ficción e historia*, auspiciado por la Asociación Puertorriqueña de Historiadores el 4 de mayo de 1994 en la Facultad de Humanidades de la Universidad de Puerto Rico, Río Piedras.